LE GRAND LIVRE DES CHATEAUX FORTS

Lesley Sims

Maquette : Ian McNee, Andrea Slane et Stephen Wright

Avec la collaboration de Susie McCaffrey

Illustrations : Dominic Groebner, Sally Holmes, la société Inklink-Firenze et Sergio

Avec la collaboration de David Cuzik, Ian Jackson et Justine Torode

Expert-conseil en Histoire : Anne Millard

Rédaction : Jane Chisholm   Calligraphie : Tim Noad

Pour l'édition française : Traduction : Nathalie Chaput

Rédaction : Renée Chaspoul et Nick Stellmacher

Sommaire

Les ruines du château de Blarney, en Irlande

Liens Internet

Si tu as accès à Internet, ce livre te permettra de visiter les sites Web que nous recommandons. Chaque site conseillé fait l'objet d'une courte description ; il suffit de chercher les encadrés « Liens Internet » qui se trouvent tout le long du livre. Lis les descriptions proposées avant de te connecter, elles te feront gagner du temps. Tu pourras ainsi, par exemple :

• savoir comment on construit un château fort,

• visiter une foule de châteaux,

• te renseigner sur la vie des enfants au Moyen Âge,

• te documenter sur l'alimentation au Moyen Âge,

• identifier les chevaliers grâce à leurs emblèmes,

• lire des histoires et des légendes médiévales,

• écouter des chants grégoriens.

Tous les sites recommandés ont été sélectionnés avec soin par nos rédacteurs et conviennent aux enfants. Toutefois, les éditions Usborne ne peuvent être tenues responsables du contenu des sites Web autres que le leur.

IL N'EST PAS OBLIGATOIRE D'AVOIR UN ORDINATEUR.

Tel quel, cet ouvrage de référence est complet et ne nécessite aucun auxiliaire.

La sécurité sur Internet

Nous recommandons vivement aux adultes d'encadrer les jeunes enfants lorsqu'ils utilisent Internet et de leur interdire l'accès aux salles de conversation (chat rooms).

Il arrive, exceptionnellement, qu'un site indésirable apparaisse sur l'écran simplement parce qu'une mauvaise adresse a été entrée. Pour éviter de telles erreurs, tu ne peux accéder aux sites Web proposés dans ce livre que via notre site Quicklinks.

Pour utiliser au mieux Internet, il est recommandé de suivre les conseils suivants :

• Tu dois toujours vérifier auprès d'un adulte (un professeur, un parent ou le propriétaire de l'ordinateur) que tu es autorisé à te connecter à Internet. Il est préférable qu'un adulte reste à proximité.

• Si tu utilises un moteur de recherche pour chercher les sites, lis d'abord la description pour vérifier que tu as trouvé le site désiré avant de cliquer sur l'adresse.

• Si tu te trouves sur un site indésirable, clique aussitôt sur le bouton « Arrêter » de ton navigateur pour arrêter le téléchargement, puis sur le bouton « Précédente » pour revenir à la page précédente.

• Ne divulgue jamais ton nom complet, ton adresse ou ton numéro de téléphone.

• Ne conviens jamais d'un rendez-vous avec une personne rencontrée sur Internet.

Le site Quicklinks d'Usborne

Afin d'accéder à tous les sites Web proposés, connecte-toi à notre site Quicklinks à l'adresse : **www.usborne-quicklinks.com/fr** où tu trouveras un lien direct à chaque site.

La disponibilité des sites

Parfois, un message apparaît à l'écran t'indiquant que le site recherché n'est pas disponible pour l'instant. Il se peut que ce soit une inaccessibilité provisoire et il suffit de réessayer un peu plus tard.

Il arrive que certaines adresses de sites Web changent ou que les sites disparaissent. Les sites recommandés sur Quicklinks seront régulièrement revus et mis à jour. Si un site n'est plus accessible, nous le remplacerons, si possible, par un autre site.

Les images téléchargeables

Certaines images du livre (indiquées par le symbole ★) peuvent être téléchargées à partir de notre site Quicklinks pour ton usage personnel. Tu peux les utiliser, par exemple, dans le cadre d'un projet scolaire. Attention, ces images ne doivent pas être utilisées dans un but commercial.

Liens Internet
Pour un accès facile et rapide à tous les sites recommandés dans ce livre, connecte-toi à www.usborne-quicklinks.com/fr

Introduction

Pourquoi, quand et comment a-t-on bâti des châteaux forts en Europe ? Tu le sauras grâce à ce chapitre. Bienvenue dans la société médiévale, celle des débuts de la féodalité et des premiers châteaux forts.

Château de Bodiam, dans le sud-est de l'Angleterre

Il y a 1 000 ans

En ce temps-là, l'Europe est couverte de forêts, de marécages et de champs. Quelques villages émergent de-ci de-là. Les villes sont rares. Le paysage est dominé par les châteaux forts, symboles de seigneuries indépendantes et rivales dont les propriétaires ont tous les droits sur le peuple.

Le château fort

Avant tout, le château fort est la résidence d'un seigneur ou d'un roi. Mais c'est aussi une construction fortifiée, une véritable forteresse conçue pour protéger ses habitants des attaques ennemies.

Une époque de guerres

En Europe, l'apogée des châteaux forts se situe entre le XIe et le XVe siècle, durant l'époque que l'on appelle le Moyen Âge. L'argent et le pouvoir sont concentrés entre les mains des propriétaires terriens. Plus ils possèdent de terres, plus ils sont riches et puissants, et plus ils se croient au-dessus des lois. Quand un seigneur a besoin d'une terre, il la vole sans scrupules. Les conflits sont fréquents.

Les paysans se réfugient dans le château fort.

En général, un château fort est bâti sur une butte, pour dominer les alentours et prévenir les attaques mais également pour se préparer à conquérir d'autres terres, ou fiefs. C'est à la fois une demeure seigneuriale et un refuge en temps de crise.

Un site stratégique

Un château fort s'élève au bord d'un guet sur un cours d'eau ou à proximité d'un passage entre deux collines. Ce sont en effet des points stratégiques dont il faut contrôler l'accès pour permettre le ravitaillement de la forteresse et la communication avec l'extérieur.

Diverses forteresses

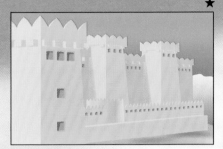
★

★

★

Déjà, dans l'Antiquité, vers les années 1800 av. J.-C., les Égyptiens avaient édifié une chaîne de forts en Nubie.

Vers 1250 av. J.-C., Mycènes, en Grèce, a son palais fortifié. Perché sur une butte rocheuse, il était à l'abri des attaques ennemies.

À la différence d'un château fort élevé pour le seigneur, pendant l'âge de fer, des palissades en bois protégeaient toute la communauté.

L'accord royal

Dans l'Europe médiévale, la société est organisée selon un système féodal, dans lequel la terre est accordée par le roi au seigneur. Avec l'assentiment royal, ce dernier peut bâtir un château fort et mettre sa famille à l'abri, mais il ne doit jamais oublier qu'il doit, en retour, obéissance à son suzerain.

Un seigneur demande au roi la permission de bâtir un château fort.

Double rôle

Être à la fois habitation et forteresse n'est pas évident. Dans les premiers temps, où les guerres sont fréquentes, les châteaux forts sont avant tout des forteresses. Il s'agit de repousser les nombreux assaillants et de défendre un territoire. Plus tard, avec la paix, c'est le confort de l'habitation qui prime.

 Liens Internet

La visite d'un château fort grâce à son lexique.

Pour le lien vers ce site, connecte-toi à : www.usborne-quicklinks.com/fr

La féodalité

La construction des châteaux forts débute alors que la domination de l'Empire romain sur l'Europe, qui a maintenu son unité, n'est plus qu'un souvenir. À cette époque, une multitude de royaumes se déchirent pour le pouvoir et les chefs, à l'intérieur d'un même royaume, guerroient sans cesse. La forteresse représente un abri sûr en ces temps de conflits.

Le système féodal

Le système féodal est un ensemble de liens de dépendance entre un suzerain (le roi ou le seigneur) et son vassal (le chevalier ou bien le paysan). Le vassal prête un serment de fidélité au suzerain et s'engage à combattre sous ses ordres. En échange, il reçoit des terres qu'il fait cultiver par un paysan (le serf ou le vilain). Ce dernier lui doit des impôts payables en nature, en travaux ou en argent.

Certains rares paysans, les vilains, sont des hommes libres qui louent une parcelle de terre au seigneur et la cultivent. Ils paient des impôts, mais peuvent circuler librement.

Les classes sociales

Au début du Moyen Âge, la société se divise en trois classes : la classe dirigeante est celle des seigneurs, qui font la guerre ; celle des paysans travaille ; la troisième regroupe les hommes d'Église et les femmes, qui prient. Avec le développement de la société apparaît une quatrième classe, celle des marchands. Chacun trouve sa place au sein de ce système féodal.

Le système féodal

Le suzerain accorde des terres aux nobles et aux hommes d'Église qui le soutiennent.

Frères ennemis

Au cours du Moyen Âge, deux royaumes établissent des liens particuliers. Il s'agit de la France et de l'Angleterre. Grâce aux mariages royaux, les rois d'Angleterre possèdent en France terres et châteaux, dont ils revendiquent aussi le trône. Ceci ne plaît guère aux rois de France, et l'état de guerre est permanent.

Les nobles donnent de l'argent au roi et combattent en son nom 40 jours par an.

Les nobles octroient des terres aux chevaliers qui, en échange, sont à leur service pendant 40 jours.

Les chevaliers font travailler leurs terres par des paysans qu'ils protègent.

Les serfs sont des paysans non libres, astreints au servage. Ils sont attachés à une terre qu'ils cultivent et ne peuvent pas quitter. Ils sont obligés de payer une taxe à leur seigneur.

L'échelle sociale

À l'intérieur du château, la hiérarchie est stricte. Tous se soumettent au seigneur, mais les intrigues pour grimper dans l'échelle sociale sont permanentes.

Sous les ordres

Le seigneur est à la tête d'une vaste communauté comprenant les membres de sa famille et ceux de sa seigneurie – hommes d'Église, militaires ou serviteurs. Des officiers le secondent.

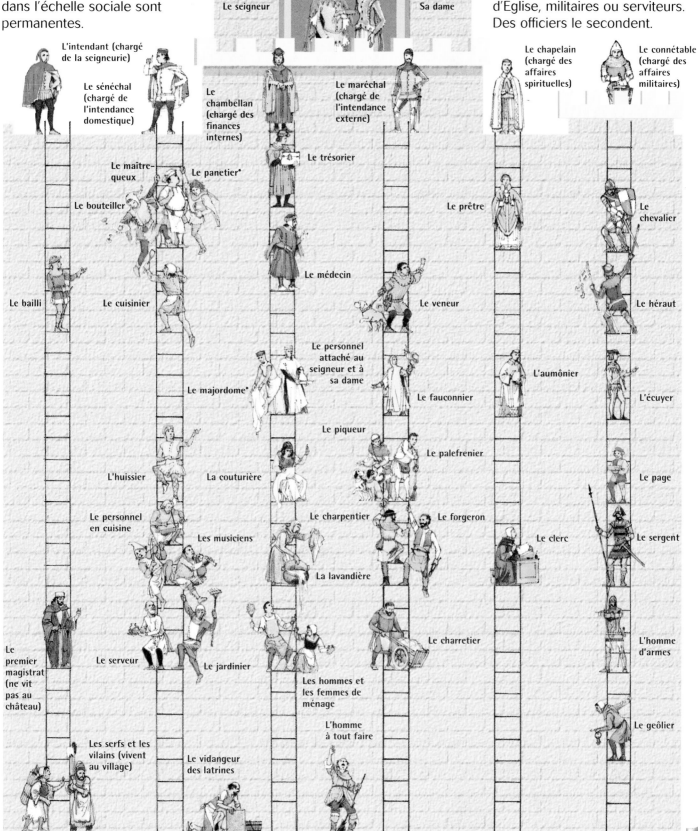

Le seigneur
Sa dame

L'intendant (chargé de la seigneurie)

Le sénéchal (chargé de l'intendance domestique)

Le chambellan (chargé des finances internes)

Le maréchal (chargé de l'intendance externe)

Le chapelain (chargé des affaires spirituelles)

Le connétable (chargé des affaires militaires)

Le trésorier

Le maître-queux

Le panetier*

Le bouteiller

Le prêtre

Le chevalier

Le bailli

Le cuisinier

Le médecin

Le veneur

Le héraut

Le personnel attaché au seigneur et à sa dame

Le majordome*

Le fauconnier

L'aumônier

L'écuyer

Le piqueur

L'huissier

La couturière

Le palefrenier

Le page

Le personnel en cuisine

Les musiciens

Le charpentier

Le forgeron

Le clerc

Le sergent

La lavandière

Le premier magistrat (ne vit pas au château)

Le serveur

Le jardinier

Le charretier

L'homme d'armes

Les hommes et les femmes de ménage

L'homme à tout faire

Le geôlier

Les serfs et les vilains (vivent au village)

Le vidangeur des latrines

*Reporte-toi en page 70 pour en apprendre davantage sur le panetier et le majordome.

Ce village est attaqué par des Vikings.

950~1100
La motte féodale

En Europe, la construction des premiers châteaux forts remonte sans doute avant les années 950. À cette époque, l'insécurité est permanente, car les villages sont régulièrement pillés. Les seigneurs offrent alors leur protection en échange de terres. Pour cela, ils mettent en place une armée de soldats qui parcourent le domaine à cheval afin d'avertir les villageois en cas d'attaque.

Les soldats se regroupent en garnison dans les tours en bois que leur font élever les seigneurs. Entourées d'un fossé et d'une palissade, elles sont rattachées à une basse-cour, où sont disposés quelques bâtiments.

Les soldats sortent précipitamment du donjon et de la basse-cour pour porter secours au village attaqué.

Le pont s'abaisse ou se lève à volonté.

Sur une motte

Toutefois, ce dispositif n'est pas efficace, car si l'ennemi brûle la palissade, les soldats se retrouvent sans protection. Un donjon est alors élevé sur une butte naturelle ou artificielle (construite par le seigneur), appelée une motte, et il est relié à la basse-cour (ou baile) par un pont. Les soldats peuvent s'y réfugier et grâce à la position en hauteur, ils voient venir les assaillants.

Protéger et servir

Bientôt, dès qu'un noble reçoit des terres de son suzerain, il se dépêche d'y élever un château à motte. Il assure ainsi sa protection contre les envahisseurs étrangers mais également contre les autres nobles et leurs vassaux, car à l'époque, les rivalités pour le pouvoir sont nombreuses. Ces liens de dépendance marquent le début de la féodalité.

Les toits sont en chaume (couverts de paille). Si l'ennemi lance des flèches enflammées, les maisons prennent feu aisément.

En général, la cour abrite des écuries, des ateliers et même une chapelle.

Palissade formée de pieux en bois

Maison communale

Chapelle

La basse-cour se situe au pied de la motte.

Cour

Guillaume le Conquérant

En 1066, le duc Guillaume de Normandie envahit l'Angleterre. Il monte sur le trône et devient Guillaume Ier le Conquérant. En ce temps-là, l'Angleterre est gouvernée par les Saxons, un peuple d'origine germanique. Bien décidé à montrer sa force, Guillaume Ier organise son royaume en donnant les terres saxonnes à ses alliés. Ceux-ci élèvent des châteaux à motte dans tout le royaume (plus de 50 en vingt ans). Une semaine suffit pour les travaux ; tous les bâtiments entravant la construction sont détruits.

Le château à motte est relié à la basse-cour par un pont en bois dont une partie se remonte en cas de danger.

Le donjon ou tour maîtresse

La famille du seigneur et leurs serviteurs dorment à cet étage.

Le rez-de-chaussée héberge les soldats et les réserves.

Le chemin de ronde permet de guetter et de donner l'alerte si les villageois sont attaqués.

La palissade, faite de pieux, mesure environ 2,50 m de hauteur.

Les ennemis ne peuvent escalader la motte, trop raide, et glissante par temps de pluie.

Dans l'urgence

Les châteaux à motte sont élevés dans l'urgence. La terre provient en général du fossé qui a été creusé autour de la butte pour isoler la motte. Le bois arrive de Normandie, où les poutres et les planches sont découpées à la taille requise et empaquetées avec clous et chevilles. Les Normands emploient une main-d'œuvre saxonne, bon marché.

11

Couloir à l'intérieur du krak des Chevaliers, en Syrie

Dans les châteaux forts

Pars à la découverte des châteaux forts. Ce
chapitre permet de suivre l'évolution de
l'architecture des différents types de châteaux en
Europe, de visiter les appartements seigneuriaux,
les cuisines et la salle des gardes, et de flâner
parmi les ouvriers qui s'activent sur un chantier.

L'architecture – partie 1

Les premières places fortes étaient des tours en bois élevées sur des mottes. Vite bâties, elles étaient aussi rapidement détruites, par le feu lors d'un siège ou parce que les matériaux utilisés pourrissaient. Dès les années 1070, dans les régions où la pierre abonde, les seigneurs riches et puissants optent pour les châteaux en pierre. Les pages suivantes permettent de mieux comprendre cette évolution architecturale.

Le donjon carré

Afin d'imposer le respect et d'effrayer d'éventuels agresseurs, la construction castrale évolue à partir de l'idée d'une tour sur une motte. Les appartements seigneuriaux ainsi que les pièces réservées aux soldats ou les cuisines et les dépendances sont empilés sur plusieurs étages. Par sécurité, l'entrée se situe en général au premier. Il en résulte un bâtiment carré imposant qui domine la campagne alentour.

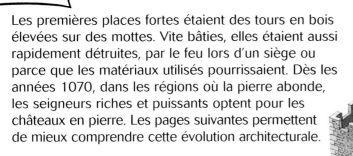

Donjon en coupe

Les murs peuvent mesurer 4 m d'épaisseur.

Les appartements du seigneur et de sa famille sont situés au dernier étage.

Chapelle

Salle de réception

L'entrée du donjon se trouve au premier étage. Les attaquants ont du mal à l'atteindre.

Une avancée en pierre permet d'atteindre l'entrée.

Quartiers des soldats et cellier

Grâce aux fenêtres, hautes et étroites, les pièces sont à l'abri des flèches.

Ce donjon possède quatre étages, mais en général il y en a seulement trois.

Le donjon coquille (v. 1100)

Certains seigneurs préfèrent remplacer la palissade en bois qui entoure le donjon par un mur en pierre, ou courtine, et appuyer les divers bâtiments contre celui-ci. Ce genre de donjon est connu sous le nom de donjon coquille.

Donjon coquille

Les bâtiments sont adossés à la courtine.

Chapelle

Salle commune

Cellier

La plupart des donjons coquilles sont circulaires. Certains ont toutefois la forme d'un trèfle à quatre feuilles.

Le donjon polygonal (v. 1150)

Même en pierre, le donjon présente des points faibles. Comme les archers ne peuvent décocher leurs flèches que droit devant eux, ils se trouvent démunis quand ils sont en haut d'une tour et que leurs assaillants se trouvent au pied. De plus, les ennemis peuvent creuser des tunnels aboutissant aux quatre coins de la tour et ainsi saper ses angles et provoquer son effondrement. Les architectes, conscients des problèmes, vont expérimenter à cette époque diverses sortes de donjons, à six ou à huit tours (voir ci-dessous), ce qui augmente davantage encore le nombre d'angles.

Le donjon circulaire (v. 1150)

Les architectes conçoivent un donjon circulaire. Il est dépourvu d'angles que les ennemis pourraient saper et les projectiles glissent contre ses murs lisses. La défense peut s'organiser de partout.

Donjon polygonal en coupe

En haut de chaque tour se trouve une salle des gardes. Les soldats veillent à tour de rôle.

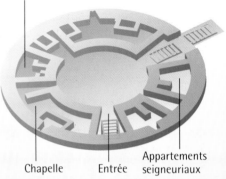

Latrines (toilettes)

Chapelle   Entrée   Appartements seigneuriaux

Donjon circulaire schématisé

Salle haute

Salle basse

Chapelle

Cuisine

Liens Internet

Des élèves retracent la vie quotidienne dans un château fort.

Pour le lien vers ce site, connecte-toi à :
www.usborne-quicklinks.com/fr

La salle haute est réservée aux banquets et aux divertissements.

La gestion quotidienne du château s'effectue dans la salle basse.

Une cuisine de petite taille est conçue pour réchauffer les plats qui arrivent de la cuisine principale située dans la basse-cour.

Sous l'entrée, une prison héberge les brigands pour une courte période.

Les murs de soutien sont appelés contreforts.

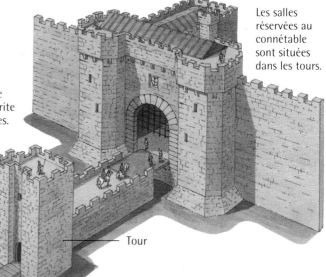

L'architecture – partie 2

L'art de la fortification progresse avec la construction de tours circulaires, dont la supériorité militaire est attestée. Toutefois, les architectes préfèrent bâtir selon les usages régionaux. Les donjons restent sombres, enfumés, bruyants et privés de la moindre intimité.

L'enceinte à tours

Il arrive parfois que la muraille fortifiée soit si efficace que le donjon devienne superflu et disparaisse au profit d'habitations seigneuriales plus spacieuses, bâties dans la basse-cour.

Les tours, élevées à intervalles réguliers dans l'enceinte, offrent des angles de tir supplémentaires en cas d'attaque. Elles sonnent bientôt la fin des donjons carrés ou circulaires.

Les remparts du château de Framlingham, en Angleterre, comportent 13 tours.

Petit potager

Ancienne salle commune

Ancienne chapelle

Corps de garde

Puits

Chapelle et salle commune

Cuisine

Entrée fortifiée

Les tours s'élèvent à intervalles réguliers dans l'enceinte.

L'entrée fortifiée et la barbacane

Dans un château fort, la courtine mais aussi la porte d'entrée sont fortifiées. Flanquée de deux tours reliées entre elles par une salle, voire deux, l'entrée est pourvue d'une grille en fer, la herse, qui coulisse de haut en bas au bout du pont-levis. En avant, à l'extérieur, un ouvrage fortifié (ayant parfois la forme d'une tour), la barbacane, sert à la fois de sas et de bouclier afin de décourager les ennemis.

La barbacane

Le rez-de-chaussée de chaque tour abrite une salle des gardes.

Le pont-levis (porte en fer abaissée ou levée à volonté) protège l'entrée.

Les salles réservées au connétable sont situées dans les tours.

Tour

Les châteaux concentriques (v. 1280)

À la fin du XIIIe siècle, les architectes introduisent un style nouveau de château fort en Europe. De forme souvent plus régulière, il est entouré d'un fossé rempli d'eau, ou douves, pour arrêter l'ennemi. La défense s'organise autour d'enceintes concentriques.

En cela, il s'inspire sans doute des antiques remparts de la ville de Constantinople (aujourd'hui Istanbul, en Turquie) construits au Ve siècle par Théodose II. Il s'agissait de trois enceintes qui permettaient aux archers de l'enceinte supérieure de tirer au-dessus de la tête des soldats postés en dessous.

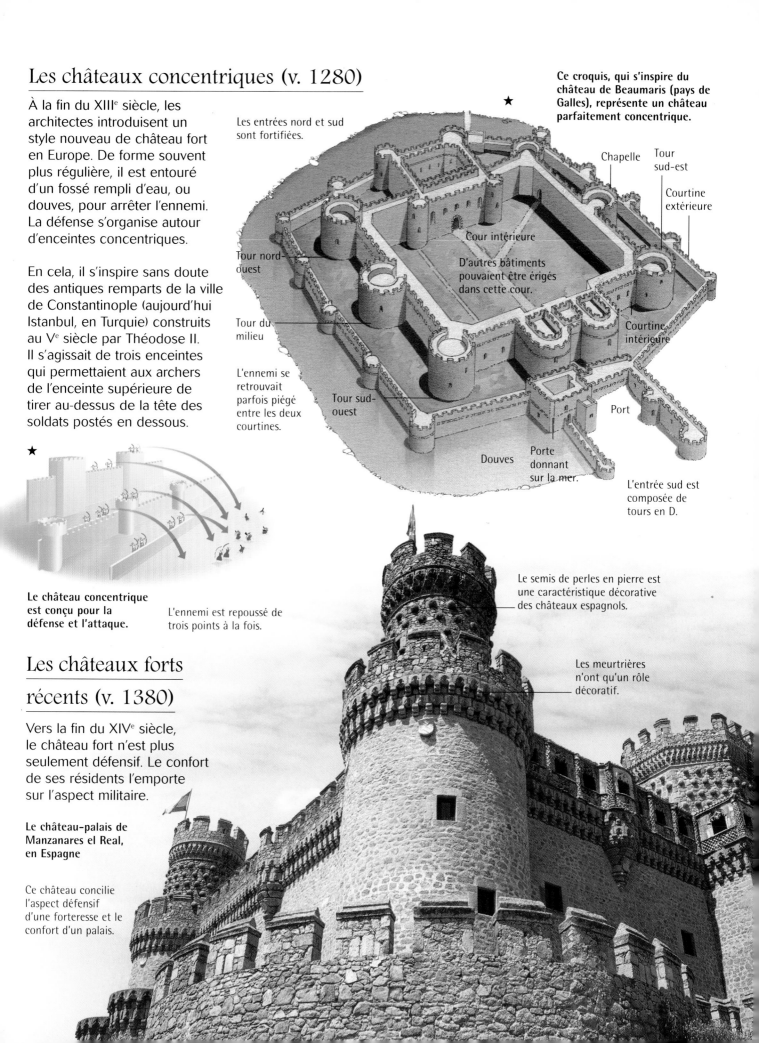

Ce croquis, qui s'inspire du château de Beaumaris (pays de Galles), représente un château parfaitement concentrique.

Les entrées nord et sud sont fortifiées.

Chapelle

Tour sud-est

Courtine extérieure

Cour intérieure

D'autres bâtiments pouvaient être érigés dans cette cour.

Tour nord-ouest

Courtine intérieure

Tour du milieu

L'ennemi se retrouvait parfois piégé entre les deux courtines.

Tour sud-ouest

Port

Douves

Porte donnant sur la mer.

L'entrée sud est composée de tours en D.

Le château concentrique est conçu pour la défense et l'attaque.

L'ennemi est repoussé de trois points à la fois.

Le semis de perles en pierre est une caractéristique décorative des châteaux espagnols.

Les meurtrières n'ont qu'un rôle décoratif.

Les châteaux forts récents (v. 1380)

Vers la fin du XIVe siècle, le château fort n'est plus seulement défensif. Le confort de ses résidents l'emporte sur l'aspect militaire.

Le château-palais de Manzanares el Real, en Espagne

Ce château concilie l'aspect défensif d'une forteresse et le confort d'un palais.

900~1100
Le donjon carré et la salle de réception

Le donjon carré comprend une pièce essentielle : la salle de réception. Elle est au cœur de la vie du château. C'est un endroit où l'on mange, travaille, prie, dort et, au début, où l'on cuisine.

Point de rencontre entre les convives, elle est aussi la salle où le seigneur accorde des audiences et rend des jugements. En réalité, elle joue un rôle social primordial.

La pièce maîtresse

La salle de réception fait étalage de la prospérité seigneuriale. Les pierres sont sculptées avec raffinement, les poutres du plafond sont dorées, de vastes tapisseries couvrent les murs (elles égaient ainsi la pièce, mais protègent surtout des courants d'air) et des dizaines de bougies éclairent les coins sombres. Malgré tout, la salle reste obscure, inconfortable et bruyante, car les pas des visiteurs résonnent sur les marches et les portes claquent.

Les appartements privés

À côté de la salle de réception ou juste au-dessus se trouvent les appartements privés seigneuriaux. Le seigneur et sa famille s'y reposent. Les enfants y couchent et les femmes brodent et filent.

Salle de réception — Appartements privés

De superbes fresques ornent parfois les appartements du seigneur, tel ce saint dans le palais des Papes, à Avignon.

Les activités en salle de réception

★

Comme l'électricité n'existe pas encore, on se lève à l'aube pour profiter de la lumière naturelle. On dit sa prière, puis on met la table pour prendre un petit-déjeuner simple à base de pain et de bière.

★

On retire ensuite les tables, et la salle de réception se transforme en bureau afin de régler les affaires de la seigneurie. À midi, on y prend le repas (appelé dîner) le plus copieux de la journée.

★

À la tombée de la nuit, on y sert le souper. Ensuite, tout le monde se couche, sauf les invités de marque qui gagnent leur propre chambre (ils la partagent avec leurs serviteurs).

Un balcon permet de surveiller les activités de la salle de réception et de jeter un œil dehors.

Les tapisseries sont de grande dimension.

Sous la fenêtre, une banquette permet de converser en privé.

Armoiries du seigneur

Un homme d'armes

Le bailli écoute le premier magistrat.

Sénéchal

L'intendant assis à sa droite, le seigneur écoute les doléances d'un tenancier en colère.

Le clerc, à côté du chien, est un homme d'Église chargé de prendre des notes.

Une première table est dressée avec une planche et des tréteaux.

La principale source de chaleur provient d'un vaste foyer.

Le sol est couvert de paille.

Liens Internet

Ce site propose une visite virtuelle du palais des Papes d'Avignon.

Pour le lien vers ce site, connecte-toi à : www.usborne-quicklinks.com/fr

Le donjon carré et la cuisine

Dans un château fort, la cuisine est une source de nombreux problèmes. Les odeurs, la fumée ainsi que le feu peuvent à tout moment envahir la demeure. Elle doit donc être située le plus loin possible, dans la cour du château.

D'un autre côté, si elle est trop éloignée, les plats refroidissent avant d'arriver sur la table. Certains châteaux aménagent alors une cuisine d'appoint, plus petite, située à proximité de la salle de réception, pour réchauffer la nourriture.

Cette gravure sur bois représente des cuisiniers.

Dans la cuisine du château, un banquet se prépare.

Une vraie cantine !

Nombreux sont les seigneurs qui possèdent plusieurs forteresses. Ils partagent leur temps en visitant leurs demeures à tour de rôle. Même occupé seulement par le connétable et les soldats, un château fort est un endroit animé. Mais lorsque le maître du lieu est attendu avec son entourage et, avec lui, parfois quelque deux cents personnes, les activités se multiplient. La cuisine, notamment, où sont préparés de gargantuesques repas, déborde de cris et gestes.

Pots et chaudrons

Des chaudrons se balancent au-dessus des flammes. Ce sont de lourds pots en fer indispensables à la cuisine. Chez les paysans, les aliments sont enfermés dans des sacs séparés et cuits ensemble dans un unique chaudron, tandis que dans la cuisine d'un château, il existe toutes sortes de pots en fonction des soupes, sauces ou ragoûts prévus au menu. Les ustensiles sont souvent en fer, les bols en céramique ou en étain, mais le seigneur, sa famille et leurs invités dînent dans des plats d'argent et d'or.

La biche est au menu.

Le pain cuit.

Chaudrons

Les volailles sont plumées.

La viande est rôtie à la broche.

Le tournebroche est un marmiton qui tourne la broche.

Ce marmiton a tiré de l'eau au puits.

La paneterie

La paneterie (à prononcer « pantri » ou « panetri ») est le lieu où se conserve le pain. Le panetier est l'officier chargé du pain lors des banquets.

La bouteillerie

Le bouteiller (du mot bouteille) est l'officier qui est chargé de l'intendance du vin et de la bière, lesquels sont conservés à la bouteillerie.

L'aiguière en étain contient de l'eau. Elle passe de convive en convive.

L'eau

L'eau provenant d'un puits alimenté par une source fraîche est d'autant plus vitale que le premier acte des assiégeurs d'un château fort consiste à l'empoisonner. Le puits se trouve donc à l'abri dans la cour du château et un aide cuisinier, ou marmiton, est chargé de tirer l'eau et de la transporter.

Le cellier

Ni les réfrigérateurs ni les congélateurs n'existent à l'époque. Les aliments sont salés, fumés, séchés ou marinés et conservés dans une pièce fraîche, le cellier.

La brasserie

À côté de la cuisine, la brasserie est le lieu de fabrication d'une bière à base d'orge, d'avoine, de froment et d'eau. Comme l'eau est stérilisée au cours du processus, cette boisson faiblement alcoolisée est appréciable et... appréciée !

Chevalier et chef

Au Moyen Âge, les bons cuisiniers sont recherchés et récompensés. C'est en tout cas ce qui est arrivé à ce chevalier, dont les trois chaudrons portés sur le bouclier révèlent les origines.

Le chef chevalier s'est fait sculpter sur son tombeau en tenue de chevalier avec son bouclier.

★

Les épices ont beaucoup de valeur. Elles sont mises sous clef.

Herbes aromatiques en train de sécher.

Chef cuisinier

Château en massepain

Cônes de sucre

Liens Internet

Ce site propose des explications complètes sur l'alimentation au Moyen Âge – aliments, cuisine et repas, avec de superbes images.

Pour le lien vers ce site, connecte-toi à :
www.usborne-quicklinks.com/fr

à partir de 1100

Le donjon coquille et la chapelle

À cette époque, la mode est à la pierre, et il suffit de remplacer la palissade en bois entourant le donjon par une courtine en pierre pour suivre le mouvement. Le mur devient alors défensif. Le donjon n'est plus à part et les bâtiments, adossés à la courtine, forment un nouveau type de donjon dit coquille.

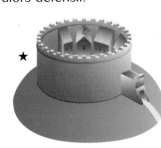

Donjon coquille

La chapelle

Il suffit d'observer le schéma de droite pour s'apercevoir de la place essentielle tenue par la chapelle. Elle est privée et installée dans le donjon pour le seigneur et sa famille. Il arrive aussi parfois que le seigneur fasse bâtir une chapelle plus grande mais moins cérémonieuse dans la cour du château pour ses gens. La messe, dite en latin (que peu de croyants comprennent), est célébrée tous les dimanches. Les croyants sont nombreux et la pratique religieuse est souvent quotidienne.

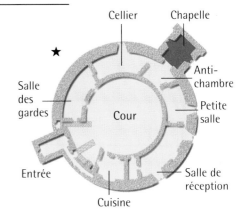

Schéma du rez-de-chaussée d'un donjon coquille

Seuls ceux qui vont à l'église sont assurés de monter au ciel. Même les soldats, qui ne devaient pas passer beaucoup de temps à prier, sont croyants et, quand une bataille approche ou s'ils sont convoqués par le connétable, ils se tournent vers Dieu.

La chapelle du château fort

Les vitraux ne sont apparus qu'après 1350.

Des scènes tirées de la Bible ornent les murs.

Calice utilisé lors de la communion pendant la messe.

Autel

Enfant de chœur

Le prêtre dit la messe.

Le seigneur et sa famille

L'église est aussi un endroit où les commérages vont bon train !

Il n'y a pas de bancs dans l'église. Les personnes âgées apportent leur siège.

Par un jour férié, cette troupe de théâtre célèbre la Nativité.

Liens Internet

Le chant grégorien (musique religieuse médiévale traditionnelle), avec des extraits sonores.

Pour le lien vers ce site, connecte-toi à : www.usborne-quicklinks.com/fr

On danse dans la rue.

Le chapelain exhorte les passants à regarder la pièce.

L'aumônier distribue de la nourriture aux pauvres.

Le chapelain

C'est le chapelain qui est chargé des affaires religieuses. Il dit la messe, ainsi qu'une courte prière avant chaque repas. Comme il est l'une des seules personnes du château à savoir lire et écrire, il s'occupe également des registres, des clercs, et aide à la gestion de la seigneurie. S'il a le temps, il enseigne également la lecture et l'écriture aux pages, de jeunes nobles qui se préparent à devenir chevaliers*.

L'aumônier

La religion enseigne qu'il faut être bon envers son prochain. Le chapelain prêche la charité et l'aumônier s'assure que les pauvres reçoivent un peu d'argent et les restes des repas.

Au Moyen Âge, l'assurance maladie et la sécurité sociale n'existent pas. Les pauvres, les malades et les handicapés ne peuvent donc survivre que grâce à la charité.

Cette peinture médiévale représente trois pèlerins partant en Terre sainte pour célébrer Dieu.

*Voir page 69.

Les jours fériés

Les jours de fête religieuse sont attendus avec impatience par tous les gens du château, car personne ne travaille. Les pièces de théâtre inspirées par la Bible et la vie des saints sont alors très courues.

Les pèlerins

Les pèlerins sont des fidèles en partance pour la Terre sainte (ces termes désignent les lieux où vécut le Christ). S'ils ne trouvent pas d'auberge où passer la nuit dans le village, il leur arrive de demander hospitalité au château.

Les dépendances

Hormis au cours d'un siège, il n'est pas rare qu'un serviteur n'entre jamais dans le donjon. Mais, outre les pièces principales, réservées au seigneur et à sa famille, le château fort possède de nombreuses dépendances situées dans la cour, à côté des bâtiments d'intendance.

Le château fort et ses dépendances

Forge · Atelier des charpentiers · Enclos pour le bétail · Volière · Fabrique de flèches · Donjon · Chapelle · Écuries · Cour · Enceinte à tours · Quartiers des soldats · Chenil · Puits · Salle de réception · Cuisine

★

La forge

La forge est l'atelier où travaillent le forgeron et le maréchal-ferrant. Le forgeron exerce un métier reconnu au Moyen Âge. En langage moderne, il est à la fois un mécanicien et un fabricant d'armes et d'outils. Il fabrique et répare les outils de tous les autres ouvriers. Il est aussi responsable de l'entretien des armures du seigneur et de ses chevaliers. Le maréchal-ferrant, lui, s'applique à ferrer les chevaux.

Dans la forge

Les ouvriers coulent des têtes de flèches.

Foyer

Enclume

L'apprenti fait fondre le fer.

Seigneur

Un ouvrier répare la genouillère du seigneur.

Le maréchal-ferrant façonne un fer à cheval.

Le fabricant de flèches

Le forgeron réalise le bout métallique des flèches tandis que le fabricant de flèches façonne la pointe et la hampe en bois. Le tireur à l'arc est un expert capable de tirer une flèche toutes les cinq ou six secondes.

L'atelier du fabricant de flèches

L'apprenti apprend comment fixer des plumes à une hampe.

L'atelier du charpentier

Ces ouvriers taillent un bol.

Ceux-ci fabriquent un banc.

Ho ! hisse !

Le charpentier

Dans son atelier, le charpentier est débordé. Il fabrique des meubles et des ustensiles de cuisine, et les restaure. Il entretient les manches en bois des outils et répare les roues. Il crée des cadres en bois pour les boucliers et s'occupe des poutres et des planchers.

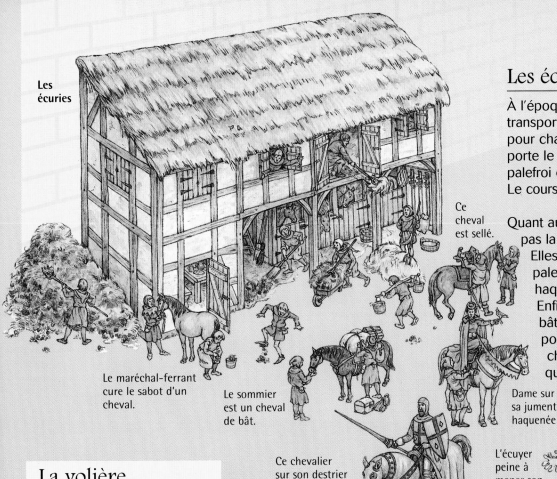

Les écuries

Les écuries

À l'époque, le meilleur moyen de transport est le cheval. Il y en a un pour chaque fonction. Le destrier porte le seigneur à la guerre. Le palefroi est son cheval de parade. Le coursier l'accompagne à la chasse.

Quant aux dames, elles ne font pas la guerre et chassent peu. Elles montent toutefois des palefrois ou des juments haquenées (qui vont l'amble). Enfin, il existe des chevaux de bât, appelés sommiers, qui portent les bagages, et des chevaux de trait, les roncins, qui tractent les charrettes.

Le maréchal-ferrant cure le sabot d'un cheval.

Le sommier est un cheval de bât.

Ce cheval est sellé.

Ce chevalier sur son destrier s'exerce à manier la lance.

Dame sur sa jument haquenée

L'écuyer peine à mener son palefroi.

La volière

Depuis le Moyen Âge, les faucons sont des oiseaux de proie élevés et gardés en volière pour la chasse.

De temps en temps, les fauconniers sortent les oiseaux et les aspergent d'eau pour les calmer.

Ils sont entraînés* par le fauconnier pour fondre sur d'autres oiseaux et de petits animaux, et aussitôt récompensés.

Le chenil

Au Moyen Âge, le chien est à la fois animal domestique et compagnon de chasse. La chasse n'est pas seulement un loisir, elle permet également de se nourrir en hiver grâce à la conservation de la viande dans un cellier. Les chiens de chasse sont donc très bien traités dans les chenils du château. Ils sont souvent mieux nourris et mieux logés que ceux qui en prennent soin.

Ce veneur emmène ses chiens en promenade.

Les races canines ont diverses fonctions. Tandis que le limier hume le gibier, les autres le pourchassent.

Ces races ne sont plus utilisées pour la chasse.

Lévrier

Lévrier

Limier

Braque

Petit chien de salon

*Voir page 78.

D'un point de vue militaire, la porte d'entrée d'une forteresse reste le point faible. Si l'ennemi réussit à la passer, le donjon se trouve sans défense. Il faut donc empêcher l'ennemi d'entrer. Pour cela, on fortifie la porte en la flanquant de deux tours.

La salle des gardes

Afin d'occuper au mieux l'espace à l'intérieur des deux tours, des pièces ont été aménagées pour le connétable, l'officier chargé de la sécurité au sein du château, et

Au début, l'entrée ne comporte qu'une tour fortifiée. Les archers ne peuvent tirer sur l'ennemi que d'en haut. ★

Par la suite, l'entrée est flanquée de deux tours. Les archers atteignent mieux leurs cibles en tirant sur le côté. ★

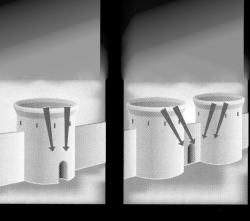

les soldats. La garnison se répartit entre le rez-de-chaussée et le premier étage. Elle y passe la majeure partie de son temps à vaquer à des occupations privées. Les soldats de garde patrouillent dans le domaine et fouillent les

arrivants. Les jours sont ponctués de manœuvres, d'exercices de tir à l'arc et de combats à l'épée, mais les soldats s'ennuient beaucoup malgré les parties de dés.

L'entrée a été découpée pour mieux voir l'intérieur des tours.

Appartements privés du connétable

Les soldats passent le temps à jouer aux dés et à bavarder.

Salle des gardes

Par sécurité, il est impossible d'accéder aux étages à partir du rez-de-chaussée.

Piques

Le connétable a son propre bureau.

Le dortoir, où chaque soldat a un matelas, une couverture, un coffre et une patère pour ses vêtements.

Les armes sont enfermées dans la salle des gardes.

Le connétable

Le connétable s'occupe en général de gérer la seigneurie en l'absence du châtelain. Si le château est attaqué, il doit assurer sa défense. En temps de paix, il est chargé des affaires militaires et doit s'assurer que les bâtiments sont en bon état, que la garnison est vaillante et que les chevaliers effectuent correctement leur service militaire de 40 jours.

Le geôlier

En tant que chef de la sécurité, le connétable charge le geôlier de surveiller les prisonniers. Ce sont surtout des bandits locaux accusés de crimes et dans l'attente de leur jugement. Il existe un cachot dans la plupart des châteaux forts.

Les nobles n'échappent pas à la prison, soit pour des raisons politiques (s'ils ne s'entendent pas avec un seigneur ou que leur opinion représente un danger pour le roi), soit parce que ce sont des chevaliers capturés à la guerre. En règle générale, ces nobles prisonniers sont bien traités, ils sont même logés dans une chambre d'hôte ! Les chevaliers peuvent d'ailleurs payer une forte rançon en échange de leur libération.

 Liens Internet

Le donjon de Loches, ses cachots et la cage.

Pour le lien vers ce site, connecte-toi à :
www.usborne-quicklinks.com/fr

Le cachot

Le mot donjon provient du latin *dominus*, qui signifie « maître, seigneur ». Cette tour maîtresse du château fort est en effet la demeure du seigneur et le dernier retranchement de la garnison en cas d'attaque. Elle comporte un cachot, où les prisonniers sont enfermés.

Deux prisonniers représentés sur un manuscrit médiéval.

Le cachot se transforme parfois en oubliettes, dans le cas où le prévenu est condamné à la prison à vie. Mais, contrairement à une idée reçue, les prisonniers ne sont jamais oubliés. Ils sont jugés, et parfois condamnés à mort.

Un paysan prisonnier dans un cachot

Cette femme a donné de l'argent au geôlier pour pouvoir apporter de la nourriture et des couvertures au prisonnier.

Dans le cachot, le régime est strict : pain et eau.

Les pieds comme les mains du prisonnier sont entravés.

Seau

Les châteaux concentriques

La fortification des enceintes et des portes ne suffit pas toujours à rendre le château fort invulnérable. Les seigneurs réclament alors des châteaux concentriques, car leur succession d'enceintes fortifiées est un gage de protection encore plus fiable. En effet, même si l'ennemi réussit à passer la première, il se trouve ensuite piégé des deux côtés, à la merci des défenseurs.

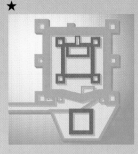
★
Château de Belvoir, en Israël

★
Château de Caerphilly, au pays de Galles

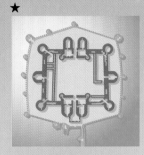
★
Château de Beaumaris, au pays de Galles

Gilbert de Clare est le noble normand à qui l'on doit le château de Caerphilly.

Parmi les plus beaux

La région de Cardiff, au pays de Galles, compte de nombreux châteaux, dont celui de Caerphilly, qui a été construit aux XIIe et XIIIe siècles sur le modèle du château d'Aigues-Mortes, en France. C'est le premier château concentrique de Grande-Bretagne. À l'époque, il impressionne tellement le roi d'Angleterre Édouard Ier qu'il décide d'en faire élever quatre autres sur le même modèle.

Harlech, Aberystwyth, Rhuddlan et Beaumaris sont aujourd'hui parmi les plus beaux châteaux concentriques d'Europe. Ils n'ont pas été transformés au fil du temps par les modes.

Le château de Beaumaris

Le château de Beaumaris, au pays de Galles, est le dernier des châteaux concentriques à voir le jour en Grande-Bretagne. Mais comme le roi manque d'argent, il n'est pas achevé. Les travaux débutent en 1295, s'arrêtent puis reprennent pendant une trentaine d'années, pour se terminer en 1330. Conçu pour être impénétrable, il n'a jamais fait la preuve de son invulnérabilité.

Le château de Caerphilly, au pays de Galles, est entouré par un vaste lac artificiel, créé par un barrage.

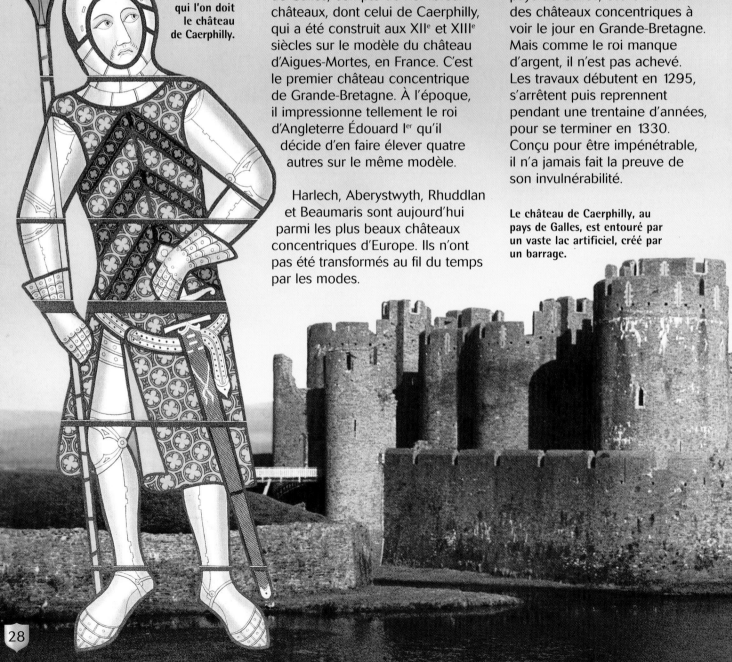

Les temps changent

D'un point de vue militaire, rien n'égale les châteaux concentriques. La conception de la défense y atteint la perfection. Mais les temps changent, et les architectes des châteaux forts du XIIIe siècle cherchent à intégrer la notion de confort. Ils trouvent des espaces supplémentaires à aménager au sein des tours élevées dans les enceintes. Ils peuvent enfin prévoir des coins intimes et secrets. Les serviteurs ne dorment plus avec leurs maîtres. Ils partagent des pièces entre eux.

La salle de bains

Jusqu'au XIIIe siècle, la salle de bains n'existe pas. Cela ne veut pas dire qu'on ne prend pas de bain, mais il faut aller chercher de l'eau chaude en cuisine, seul lieu où il y a, parfois, un système d'écoulement de l'eau. Les herbes aromatiques distribuées un peu partout servent alors à dissimuler au mieux les odeurs. Les toilettes, ou latrines, sont rudimentaires : un trou, parfois plusieurs disposés côte à côte, aménagé dans l'épaisseur des murs.

Un seigneur en visite avec sa cour loge dans des appartements réservés aux invités.

Les pièces destinées aux hôtes importants possèdent un lavabo aménagé dans le mur.

À côté de la chambre se trouve la garde-robe, une pièce destinée à recevoir les habits et à ranger la baignoire.

Les latrines sont un simple trou creusé dans le mur et dissimulé derrière un rideau.

Les pièces réservées aux serviteurs sont dépouillées.

Les latrines sont directement reliées aux douves du château ou à une fosse appelée puisard.

 Liens Internet

Site 1 Une petite visite des remparts d'Aigues-Mortes et un diaporama.
Site 2 Une visite virtuelle de la cité médiévale de Carcassonne, avec son château et ses enceintes.

Pour les liens vers ces sites, connecte-toi à :
www.usborne-quicklinks.com/fr

v. 1350~1500
Période tardive

Vers 1350, les seigneurs désirent que leurs châteaux forts soient aussi des châteaux d'agrément où il fait bon vivre. Les résidences ne sont plus seulement des lieux défensifs, elles symbolisent la puissance en même temps que le savoir-vivre du châtelain.

Les attaques sont moins fréquentes et l'architecture s'en ressent : les fenêtres, plus larges et souvent vitrées, laissent enfin entrer la lumière. Certaines sont embellies de vitraux. Les constructions ne sont plus en pierre massive, mais en brique, et de nombreuses pièces sont réservées aux invités.

Le château de Bodiam

Le château anglais de Bodiam (1385) mélange savamment aspect défensif et agrément. Les pièces sont nombreuses et spacieuses. Avant d'arriver aux appartements seigneuriaux, il faut passer par les logements des serviteurs.

Plan du château de Bodiam, dans le Sussex, en Angleterre

Tour sud-est
Tour sud-ouest
★
Paneterie
Salle de réception
Cuisine
Anti-chambre
Bouteillerie
Vestibule
Vestibule des serviteurs
Chambre
Cuisine des serviteurs
Chapelle
Appartements privés
Tour Nord-est
Porte d'entrée et salles des gardes
Tour nord-ouest

Ce détail tiré d'un vitrail du château de l'Alcázar à Ségovie (Espagne) montre la vivacité des couleurs et la complexité de la composition de cet art.

De l'air !

L'intimité est enfin préservée dans les nouveaux châteaux forts. Les seigneurs profitent dorénavant de nombreuses pièces dévolues chacune à une activité particulière (prendre un bain ou recevoir la cour). L'empereur germanique Frédéric Ier, dit Barberousse, l'aurait appréciée, car, en 1184, alors qu'il se trouvait au château d'Erfurt avec sa cour, il eut soudain une envie pressante. Il se précipita aux toilettes, entraînant derrière lui plusieurs nobles. Hélas, sous leur poids, le plancher des latrines s'effondra et les courtisans finirent dans le puisard.

La magnifique salle de bains du pape Clément VII, dans le château Saint-Ange à Rome

Des améliorations

La vie dans un château fort est dorénavant plus luxueuse. Les cheminées s'agrandissent et des conduits, plus efficaces que les simples aérations des anciens châteaux, dirigent enfin la fumée vers l'extérieur.

Les meubles sont délicatement sculptés, les poutres apparentes sont rehaussées de peintures dorées et des nattes de joncs tressés remplacent la paille. Dans les châteaux les plus prestigieux, celles-ci sont parfois recouvertes de magnifiques tapis persans, qui ont sans doute été rapportés des croisades par les chevaliers et offerts aux suzerains.

Les jardins aussi

Les châtelains n'embellissent pas seulement leur intérieur ; les jardins bénéficient aussi d'un élan de renouveau. Ils deviennent élaborés, ornés de fontaines et de sièges pour s'y reposer.

Salle de bains royale, au château de Leeds, en Angleterre

Un drap recouvrait la baignoire en bois pour éviter que des échardes ne piquent le royal postérieur !

Les manières à table

L'aménagement intérieur n'est pas le seul à profiter de ce regain de civilisation. À table aussi, la manière de se comporter, ou étiquette, change. Les tables sont dorénavant recouvertes d'une nappe et surtout, les fourchettes apparaissent. De même, l'utilisation du mouchoir est récente.

Ce coffret du XIVᵉ siècle est en argent. Il était destiné aux bijoux précieux. À cette époque, les châteaux se remplissent de coffres et de meubles tous plus beaux et ouvragés les uns que les autres.

Cette miniature à l'image de saint Georges combattant le dragon est une aiguière destinée au lavage des mains, ou aquamanile. Elle était remplie d'eau et passait de convive en convive.

 Liens Internet

Site 1 Le château de Bodiam.

Site 2 Le château de l'Alcázar.

Pour les liens vers ces sites, connecte-toi à :
www.usborne-quicklinks.com/fr

Selon les pays

Il n'existe pas deux châteaux semblables. L'architecture castrale de base a sans cesse été renouvelée en fonction du lieu, de l'époque et des moyens financiers du châtelain. Rares sont les forteresses qui n'ont pas évolué au fil des siècles. En réalité, elles ont souvent suivi les modes et combiné plusieurs styles.

En Espagne

Selon les régions d'Europe, les châteaux adoptent un style particulier. En Espagne, ils mélangent l'art maure musulman et l'art chrétien, car le pays a subi les deux conquêtes. La Mota (ci-dessous) est l'exemple parfait d'une forteresse construite sous les envahisseurs maures et qui a subi plusieurs modifications avant d'être remaniée par les chrétiens au milieu du XVe siècle.

Le roi fauconnier

Passionné par la fauconnerie et la chasse, le Saint Empereur romain Frédéric II possédait un château en Italie, sorte de loge de chasse royale, de forme octogonale et doté de huit tours, le château del Monte.

Les travaux du château del Monte, en Italie, ont débuté vers 1240.

Plan du château del Monte (en rouge, l'accès aux appartements impériaux)

Chacune des huit tours comporte huit côtés.

Vue sur le ciel depuis la cour du château del Monte

La Mota, en Espagne, est un château en brique.

Aucune échelle ou construction de bois n'atteignait le sommet de la plus haute tour.

Archère*

La maçonnerie en brique est de style mauresque.

Meurtrière*

*Voir page 45.

Angleterre, Écosse, Irlande

Au Moyen Âge, la frontière, ou marche, entre l'Angleterre et l'Écosse est peu sûre. Les invasions sont fréquentes. Les fortifications consistent alors en une succession de tours carrées de petite taille. Il faut parfois poser une échelle ou lancer un cordage pour accéder à l'entrée, aménagée en hauteur.

En Irlande après les années 1400, et un siècle plus tard en Écosse, les maisons fortes (fortifiées) apparaissent. Ce sont de véritables repaires à espions. Les conversations s'entendent d'une pièce à l'autre et les murs semblent avoir des oreilles. Certains seigneurs accentuent encore la tendance à la confusion en ajoutant des escaliers secrets et des planchers factices.

Le château de Craigievar, en Écosse

Craigievar comprend sept niveaux.

Attaque du château de Wartburg, en Allemagne, tirée d'un manuscrit médiéval.

 Liens Internet

Tu peux admirer sur ce site de superbes photos de châteaux du monde entier (Angers, Beaumaris, Bodiam, Caerphilly, Manzanares el Real, krach des Chevaliers, etc.).

Pour le lien vers ce site, connecte-toi à :
www.usborne-quicklinks.com/fr

Le château de Chillon se dresse sur une île au milieu du lac de Genève, en Suisse. Les tours surmontées d'un toit sont typiques des châteaux de l'Europe continentale.

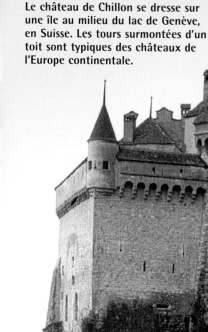

La construction d'un château fort

Quand un seigneur a les moyens financiers d'assumer la construction d'un château fort, il s'adresse à un maître maçon. À la fois maître d'œuvre, architecte principal, contremaître, chef de projet et comptable, ce dernier est responsable de l'ensemble des travaux pendant toute la durée du chantier.

Le site

Le rôle d'une forteresse est de surveiller les frontières, les ports, les villes et tous les points stratégiques, comme les cours d'eau. Elle doit permettre de lancer des attaques ou de les repousser et, en temps de paix, de gérer la seigneurie. Pour trouver un site adapté au mieux au projet, il faut donc se poser les bonnes questions :

* Une source d'eau potable se trouve-t-elle à proximité ?

* À qui appartiennent la carrière de pierres et les bois les plus proches ?

* Les pierres peuvent-elles être taillées sur place ?

* Les matériaux sont-ils transportables par bateau ?

* D'où viendront les ouvriers ?

Le début des travaux

En premier, les charpentiers bâtissent des loges, où s'abritent les artisans, et une chambre aux traits. Cette dernière est dotée d'un sol en plâtre qui sert de planche de traçage sur laquelle les maçons font leurs calculs.

À l'intérieur, les murs sont remplis de briques, de pierres et de débris de toutes sortes.

L'échafaudage repose sur des boulins, des pièces de bois fixées dans la maçonnerie.

Trou de boulin

Les ouvriers creusent les douves.

Chantier de construction d'un château fort – il fallait des centaines d'ouvriers.

Les tailleurs de pierre découpent et façonnent les blocs de pierre.

Les charpentiers fabriquent les échafaudages en bois.

En hiver

Sauf urgence, les travaux s'arrêtent en hiver. Le sommet des murs est protégé du gel par de la paille.

Les lourds blocs de pierre sont treuillés.

Loge

La cage d'écureuil est l'ancêtre de la grue. À l'intérieur, deux hommes font tourner un tambour, ce qui enroule la corde et lève le bloc.

Le mélange du mortier

Les arcs en construction sont soutenus par des cadres en bois.

Les matériaux sont transportés avec des charrettes, brouettes et traîneaux.

Le seigneur discute des plans avec son maître d'œuvre.

Les pierres de taille équarries (bien découpées) sont réservées à l'enceinte extérieure.

Les ouvriers d'un chantier

Le salaire des ouvriers d'un chantier de construction de château fort compte parmi les charges les plus lourdes dans le budget du seigneur. Le maître d'œuvre est lui-même rémunéré en fonction de ses responsabilités et du grand nombre de personnes qui travaillent sous ses ordres.

Extrait d'une lettre envoyée par le maître d'œuvre anglais James de St George au trésor royal, en février 1296.

Si vous trouvez que la somme est élevée pour une semaine, nous voulons que vous sachiez que nous avons dû payer 400 maçons... 2 000 ouvriers... 200 terrassiers (et) 30 forgerons et charpentiers...

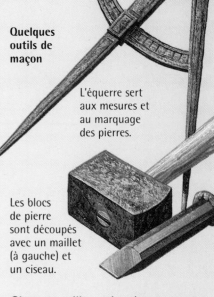

Quelques outils de maçon

L'équerre sert aux mesures et au marquage des pierres.

Les blocs de pierre sont découpés avec un maillet (à gauche) et un ciseau.

Les maçons

Sur le chantier, les maçons se comptent par centaines. Ils travaillent la pierre. Les tailleurs les équarrissent (les découpent en forme de parallélépipède) et les façonnent, tandis que les manœuvres montent les murs.

Cette illustration représente la construction d'une cathédrale pour l'empereur Charlemagne au VIIIe siècle, mais l'artiste a situé la scène à son époque, plusieurs siècles plus tard.

Chaque tailleur de pierre grave un signe sur sa propre production, non parce qu'il est fier de son travail mais parce qu'il est payé à la pierre façonnée.

Marque de tailleur de pierre

Les charpentiers

Même pour élever un château en pierre, les charpentiers sont indispensables. Ils fabriquent les échafaudages, les défenses, les planchers, les plafonds, les panneaux intérieurs, les portes, les volets et les meubles. D'ailleurs le maître charpentier commande en second après le maître maçon, ou maître d'œuvre.

Quelques ouvriers sur un chantier

La doloire est une hache à lame asymétrique qui sert au charpentier à équarrir des pièces de bois.

Les forgerons

Les forgerons sont essentiels, puisqu'ils fabriquent les outils des charpentiers et des maçons. Ils façonnent aussi les charnières des portes, et des clous par milliers qui servent à maintenir ensemble plancher, porte et planches du plafond.

Cisailles, pour découper les feuilles de métal.

Les tâcherons

Les artisans sont spécialisés dans un domaine précis. Très recherchés, ils peuvent venir de toute l'Europe. Les tâcherons, eux, sont en général des gens des villages voisins. Ils n'ont pas de qualification et se voient confier les tâches les plus pénibles : mélanger le ciment à la main, creuser les tranchées des fondations et tirer les blocs de pierre. Leur travail est souvent saisonnier.

Les carriers

De préférence, le chantier est choisi à proximité d'une carrière de pierre, où des carriers se chargent de l'extraction. Il arrive toutefois que les pierres viennent de l'autre bout du pays ou de certaines régions d'Europe. Dans ce cas, les carriers les découpent grossièrement et les transportent par bateau.

Les ouvriers hissent un seau de plâtre à l'aide d'une corde et d'une poulie.

🏰 **Liens Internet**

Amuse-toi à construire un château fort avec une école et renseigne-toi sur les métiers et les outils.

Pour le lien vers ce site, connecte-toi à : www.usborne-quicklinks.com/fr

Les plâtriers et les peintres

L'intérieur comme l'extérieur du château fort est décoré avec magnificence. Les pierres les plus belles, le marbre même, sont utilisées, mais elles ne sont pas laissées nues. À l'extérieur, elles sont badigeonnées de chaux ; à l'intérieur sont peints des motifs géométriques, des scènes religieuses ou animalières.

Dans le donjon carré, les plâtriers et les peintres mettent la dernière touche aux piliers et murs de la salle de réception.

Le haut du pilier est sculpté.

Lissage du plâtre sur les murs

Échafaudage

Le maître d'œuvre donne des instructions.

Esquisse du motif avant peinture

La bataille fait rage sur cette illustration médiévale.

La guerre

Avec ce chapitre, les armes, les armures, les sièges, les ruses et la défense des châteaux forts n'auront plus de secrets pour toi. Assiste au siège d'un château, découvre comment on le prend ou le défend, ou enfile l'armure d'un chevalier pour visiter les châteaux des croisés et des samouraïs !

# Les armes

Les armes dépendent du type de combat, siège ou bataille, ainsi que du guerrier qui le livre, chevalier ou piéton (soldat qui va à pied). Dans les batailles, les chevaliers sont armés de lances et d'épées coûteuses qui symbolisent leur statut. Les piétons, eux, sont en général équipés d'une lance, d'une pique et d'un arc. Mais s'il s'agit de défendre un château fort, l'arme de choix est l'arbalète. Introduite dans les années 1100, c'est une arme meurtrière que deux papes tenteront d'interdire.

Arcs et flèches

Les archers se servent d'arcs et de flèches. Comme l'attestent les batailles de Crécy (1346) et d'Azincourt (1415), ils sortent souvent victorieux. En cela, ils font l'admiration des chevaliers. L'arc normand primitif est de petite taille ; sa portée de tir est assez faible. Dans les années 1200, l'arc long, de la taille d'un archer, est mis au point.

Flèche à barbillon

Flèche à poinçon

La flèche est formée d'une hampe en frêne ou tremble, et munie d'un fer et d'un empennage en plumes d'oie.

L'arbalète dérive de l'arc, mais elle ne tire que deux flèches courtes, les carreaux, à la minute. Bander l'arbalète prend du temps. L'arbalétrier doit s'abriter derrière les merlons des remparts. C'est toutefois une arme meurtrière : aucune armure ne peut protéger un soldat frappé directement.

Empennage

Arc long

Piques et lances

Les armes de base sont les lances et les piques (plus longues). Elles infligent de terribles blessures. Les chevaliers ont souvent du mal à briser une formation en rangs serrés composée de piétons ennemis armés de piques, ou piquiers.

Il faut beaucoup de force pour tirer avec cet arc long, mais un archer compétent peut lancer douze flèches à la minute, à une distance de presque 300 m. Cela fait peur, et les archers capturés ont les doigts coupés afin de ne plus pouvoir utiliser leur arme. Voilà pourquoi, par défi, les archers font le signe V en direction de leurs ennemis.

Arbalète et carreau

Les premières arbalètes sont bandées à la main ; plus tard, elles seront bandées par un mécanisme (ci-dessus).

Haches, masses et fléaux

Du haut de leurs destriers, les chevaliers se servent de haches, de masses et de fléaux. Le coup peut être mortel. Le fléau s'enroule autour de la tête de l'ennemi et le chevalier tire pour le faire tomber de cheval.

Masse d'arme

Hallebarde (dérivée de la hache)

Fléau

Une pique peut faire jusqu'à 5,50 m de long.

Une lance ne dépasse pas 3 m de long.

La masse est une sorte de massue terminée par une lourde pièce de métal.

Au bout de la chaîne, la masse de fer hérissée de piquants peut transpercer l'armure du chevalier.

Duel à l'épée

Les épées pèsent lourd, les lames ayant été façonnées par les forgerons pour résister. Les premières épées sont à double tranchant et à bout arrondi, tandis que plus tard la pointe est acérée. Elles peuvent alors transpercer l'armure d'un adversaire, le pourpoint et enfin, la peau.

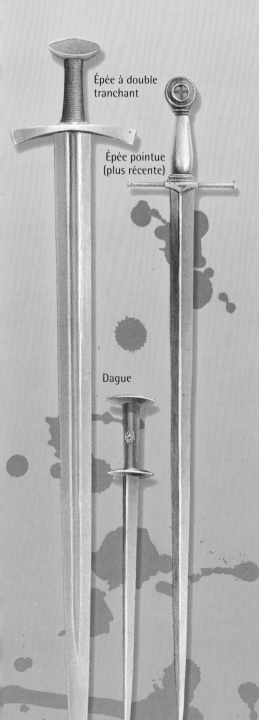

Épée à double tranchant

Épée pointue (plus récente)

Dague

La poudre à canon

La poudre à canon est connue des Chinois dès le Ier siècle apr. J.-C., mais, en Europe, elle ne sera utilisée qu'au XIVe siècle. En 1330, les Italiens inventent le « tube à éclair », des tubes en métal soudés ensemble qui permettent de tirer de la poudre.

D'abord peu élaboré et dangereux (même cent ans plus tard, en 1460, le roi d'Écosse Jacques II est victime d'une explosion de l'arme), ce canon est sans cesse amélioré et, dans les années 1500, un boulet tiré de loin peut percer n'importe quelle muraille.

Épées à louer

Dans la pratique, tout chevalier est redevable de 40 jours de service militaire à son suzerain, seigneur ou roi. Dans la réalité, si le roi finance une expédition au-delà des mers, le service militaire peut durer plus longtemps. Les chevaliers donnent alors de l'argent au roi, qui les remplace par des mercenaires (soldats professionnels loués au plus offrant).

Chacun y trouve son compte en temps de guerre, mais, avec la paix, les mercenaires, mécontents, se livrent au pillage. Les souverains réalisent alors qu'il est préférable de payer pour disposer de leur propre armée.

L'un des premiers canons

Statue d'un *condottiere*, un chef de soldats mercenaires, en Italie, au Moyen Âge

41

Les armures

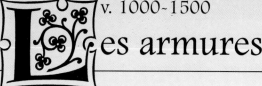

L'évolution des armes et de l'armure vont de pair. Comme les armes deviennent de plus en plus meurtrières, l'habillement militaire se perfectionne, pour offrir une protection maximale. D'abord simple tunique faite d'anneaux de fer entrecroisés, appelée haubert, la cotte de mailles s'accompagne, en 1200, de mitons et de chausses.

Sous le haubert, afin de protéger sa peau du frottement des mailles, le chevalier porte une cotte de tissu plus ou moins rembourrée, appelée gambison. Le haubert résiste mal aux armes de choc, masse, marteau et fléau, mais, surtout, il est vulnérable aux flèches et coups de lance directs.

Tenue militaire du XIIIᵉ siècle

Une longue tunique, appelée surcot, est portée sur le haubert. Elle réfléchit les rayons du soleil. Parfois, elle porte le blason du chevalier.

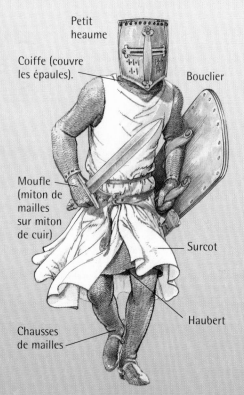

Petit heaume

Coiffe (couvre les épaules).

Bouclier

Moufle (miton de mailles sur miton de cuir)

Surcot

Haubert

Chausses de mailles

L'armure de plates

Au XIVᵉ siècle, des lamelles de fer, appelées plates, sont ajoutées afin de protéger certaines parties du corps. Elles sont articulées de sorte que le chevalier peut encore manier l'épée, la hache ou le fléau avec aisance. Mais, peu à peu, les plates sont réunies et, vers 1400, elles forment une armure complète. Celle-ci n'est toutefois pas plus lourde que la tenue en cotte de mailles, car le poids est réparti sur tout le corps et pas seulement sur les épaules.

Les casques

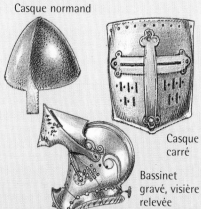

Casque normand

Casque carré

Bassinet gravé, visière relevée

Les premiers chevaliers portent un casque de fer pointu doté d'une protection nasale qu'ils enfilent sur un capuchon de mailles. Un siècle plus tard, la protection nasale s'élargit et le casque s'arrondit. Quelques décennies encore et le heaume apparaît : d'abord carré, il couvre toute la tête, mais les fentes pour les yeux ne permettent qu'une vision étroite du champ de bataille. Le bassinet améliore bientôt le confort du chevalier, car il est équipé d'une visière mobile, ou ventail.

Heaume

Spallière (protège l'épaule).

Tenue militaire du XIVᵉ siècle. Début de l'armure à plates.

Cubitière (protège le coude).

Gantelet (protège la main).

Sur le haubert, de nombreux chevaliers portent une cotte de plates – sorte de jupe recouverte de plates de cuir ou de métal cousues.

Éperon

Genouillère (protège le genou).

Les boucliers

Tant que la vie du chevalier ne tient qu'à une cotte de mailles, le bouclier, ou écu, offre une protection supplémentaire. Il est souvent presque aussi grand que le combattant. Mais, au XVᵉ siècle, comme l'armure recouvre le corps entier, le bouclier perd de son utilité.

L'évolution du bouclier

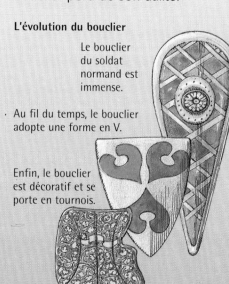

Le bouclier du soldat normand est immense.

Au fil du temps, le bouclier adopte une forme en V.

Enfin, le bouclier est décoratif et se porte en tournois.

De la cotte de mailles à l'armure de plates

1.

2.

3.

4.

5.

6.

★

Légende

▮ Haubert

▮ Gambison

▮ Chausses de laine

▮ Surcot

▮ Ceinture de cuir

▮ Cotte de plates

▮ Armure de plates

▮ Ceinture de métal

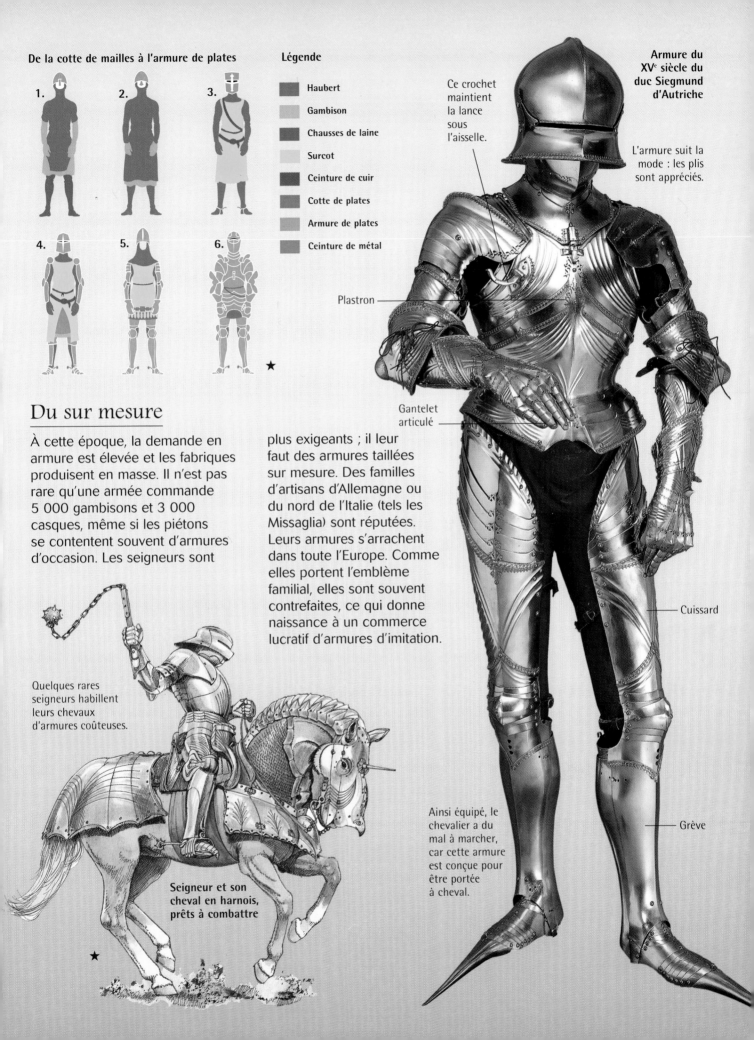

Ce crochet maintient la lance sous l'aisselle.

Armure du XVᵉ siècle du duc Siegmund d'Autriche

L'armure suit la mode : les plis sont appréciés.

Plastron

Gantelet articulé

Cuissard

Grève

Du sur mesure

À cette époque, la demande en armure est élevée et les fabriques produisent en masse. Il n'est pas rare qu'une armée commande 5 000 gambisons et 3 000 casques, même si les piétons se contentent souvent d'armures d'occasion. Les seigneurs sont plus exigeants ; il leur faut des armures taillées sur mesure. Des familles d'artisans d'Allemagne ou du nord de l'Italie (tels les Missaglia) sont réputées. Leurs armures s'arrachent dans toute l'Europe. Comme elles portent l'emblème familial, elles sont souvent contrefaites, ce qui donne naissance à un commerce lucratif d'armures d'imitation.

Quelques rares seigneurs habillent leurs chevaux d'armures coûteuses.

Seigneur et son cheval en harnois, prêts à combattre

★

Ainsi équipé, le chevalier a du mal à marcher, car cette armure est conçue pour être portée à cheval.

Les moyens de défense

Au fil des ans, la protection des châteaux forts s'intensifie grâce à des artifices ingénieux. Les architectes utilisent les éléments naturels, comme les falaises, et ils construisent des murs de 4 m d'épaisseur pour résister au bélier.

Les châteaux sophistiqués disposent d'une multitude de pièges. (Mais l'escalier à vis tournant à droite pour faciliter la descente d'un soldat droitier armé d'une épée et lui conférer l'avantage sur son ennemi qui monte est sans doute un mythe.)

Mottes et douves

La portée de tir des armes est faible et la meilleure défense consiste à empêcher l'ennemi de s'approcher du château fort. Les forteresses sont alors construites sur des mottes, des buttes de terre naturelles ou artificielles, et entourées d'un fossé ou de douves (fossé rempli d'eau).

Les ponts

Il n'est certes pas question de franchir le fossé à la nage en armure ! Un pont permet donc aux habitants du château de franchir les douves.

Il en existe de deux sortes : le pont fixe (dormant) et le pont mobile. Ce dernier est appelé pont-levis, car il est baissé ou vivement levé en cas d'attaque.

Les architectes du château de l'Alcázar, à Ségovie, en Espagne, ont tiré parti d'un éperon rocheux naturel comme moyen défensif.

Les ponts mobiles

L'un de ces deux types de ponts mobiles peut être fixé à l'entrée : levant ou à bascule.

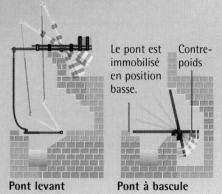

Le pont est immobilisé en position basse.

Contre-poids

Pont levant

Pont à bascule

La porte d'entrée

Au-delà du pont se dresse la porte d'entrée. C'est le point vulnérable du château, et elle doit être fortifiée. Elle comporte alors un couloir composé de deux systèmes défensifs : les herses et les assommoirs.

La herse est une grille en fer ou en bois que les soldats lèvent ou abaissent à volonté.

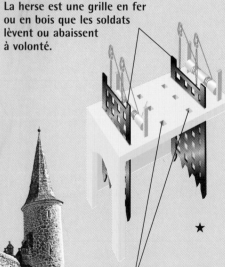

Les assommoirs sont des ouvertures pratiquées dans la voûte couvrant l'entrée afin de jeter des pierres sur l'ennemi ou de l'eau pour éteindre un feu.

Les remparts

Le sommet des remparts du château fort est souvent crénelé. Il est constitué de créneaux (parties creuses) et de merlons (parties pleines) disposés à intervalles réguliers. Ceux-ci permettent aux archers à la fois de se protéger et de tirer.

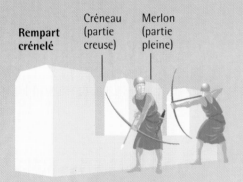

Rempart crénelé

Créneau (partie creuse)

Merlon (partie pleine)

Les meurtrières

À l'intérieur du château, les défenseurs tirent à travers des fentes percées dans les murs. Ainsi, ils peuvent voir dehors et tirer tout en restant à l'abri des projectiles ennemis.

L'archer vise en passant la flèche dans l'étroite fente de l'archère. Plus tard, l'angle de tir de l'archère sera agrandi.

Selon l'arme et l'époque, les meurtrières sont des archères, des archères-canonnières ou des canonnières.

La canonnière est une petite ouverture ovale ou ronde, ressemblant à un trou de serrure, qui permet de tirer au canon ou à l'arme à feu sans être vu.

Le hourd

Le hourd est une galerie de bois aménagée à l'extérieur, au sommet d'une courtine ou d'une tour. Les ouvertures percées dans le plancher permettent de tirer à la verticale et d'atteindre les ennemis qui approchent au pied de la muraille. Toutefois, ce dispositif présente deux inconvénients : il prend feu aisément et quelques pierres suffisent à le démanteler.

Le bélier est lancé à plusieurs reprises contre le coin de la tour pour la saper.

Des peaux d'animaux détrempées protègent le bélier des flammes (les défenseurs lancent des pots remplis de chiffons enflammés).

La base de cette tour forme un angle : les projectiles lancés du haut rebondissent sur les assiégeants.

À l'attaque !

Récipient enflammé

Les soldats grimpent à l'assaut du hourd.

Le mâchicoulis

Le hourd est un dispositif efficace mais peu solide. Reconstruit en pierre, il prend alors le nom de mâchicoulis. Les ouvertures permettent de jeter des projectiles à la verticale.

Jet de pierres à travers les mâchicoulis sur les assaillants

Les soldats n'arrivent pas à fixer convenablement leur échelle pliante.

Le siège

Du latin *sedicare*, « être assis », le siège d'un château fort est une opération militaire que les assaillants hésitent à mener, car elle coûte cher et peut durer longtemps. De plus, l'issue en est incertaine.

Toutefois, les châteaux forts sont assiégés pour deux raisons. D'abord, le vainqueur hérite de la résidence de son ennemi et surtout de toutes ses terres. Ensuite, un combattant ne tourne jamais le dos à un ennemi : si un seigneur décidait de contourner un château et d'aller se battre plus loin, ses arrières pouvaient être attaqués et ses lignes de communication détruites.

La meilleure saison

À la fin de l'été, avant les moissons, la saison des sièges est ouverte. C'est la meilleure époque de l'année, car les assiégeants trouveront encore de quoi se nourrir dans les champs. Plus tard, en automne, les pluies peuvent représenter un sérieux inconvénient.

Mais, quelle que soit la saison, les ennemis doivent être décidés à user et à abuser de toutes les tactiques militaires, voire de ruses de leur cru. Les pages suivantes font le tour des techniques et engins utilisés lors d'un siège.

Sur ces deux pages, le siège du château fort bat son plein. Dans la réalité, toutes les actions représentées ici ne se déroulaient pas en même temps.

Le prêtre donne les derniers sacrements à ce soldat.

Le mangonneau est une catapulte géante qui envoie des boulets de pierre.

Au sommet de cette tour mobile, ou beffroi, une rampe s'abaisse et les soldats se ruent sur les remparts.

Le trébuchet (voir page 48), semblable à un grand lance-pierres, expédie un boulet dans le mur.

À l'abri derrière des boucliers géants, les attaquants s'approchent du château.

Près de sa tente, le chef des assaillants affine la stratégie.

Sur les remparts crénelés, tous les soldats ne sont pas dangereux. Certains sont des mannequins de paille destinés à faire croire que les assiégés sont en grand nombre.

Espérant enserrer la tête du bélier et la soulever, les soldats abaissent un loup, sorte de crochet à deux pinces.

Une servante se dépêche d'apporter d'autres flèches.

Échelle

Le matelas amortit les coups du bélier défonçant la porte.

Bélier

Avec ce croc, les assiégés renversent l'échelle sur laquelle se trouvent plusieurs soldats ennemis.

Les assaillants ont comblé les douves avec de la terre et du bois afin que les engins de siège puissent rouler jusqu'au bas des murs.

L'attaque

C'est bien connu, la meilleure arme reste la surprise. Un château fort qui n'est pas préparé à une attaque peut parfaitement céder sans résistance. De même, il suffit d'un moment d'inattention pour que des ennemis réussissent à s'infiltrer dans le château. Un traître à l'entrée peut aussi se révéler un atout de taille.

Si la surprise ne donne rien, il faut passer à l'assaut. Quelques échelles contre la muraille vont permettre aux assaillants de monter sur les remparts, tandis que des archers les couvrent en lançant des flèches enflammées. Si cette tactique échoue, il reste les engins de siège, équipés de roues. Il faut donc combler les douves pour les faire rouler jusqu'au château.

Un beffroi a été roulé jusqu'au pied du rempart du château assiégé.

Au sommet, un abattant s'abaisse pour que les soldats accèdent aux créneaux.

À l'intérieur du beffroi, les soldats sont à l'abri.

Les engins de siège

L'engin de siège le plus simple est le beffroi. Cette tour mobile est un échafaudage de bois équipé d'un abattant, qui permet aux soldats d'affronter directement les défenseurs postés sur les remparts. Mais elle est peu stable. D'autre part, pour ouvrir une brèche dans les murs, il existe le bélier ou la catapulte géante. Le bélier, manœuvré par une douzaine de soldats, est d'une utilisation aisée. Mais le mangonneau et le trébuchet, tous deux dérivés de la catapulte, sont redoutables.

Le mangonneau dérive de la catapulte romaine. C'est une sorte de cuillère géante qui envoie des projectiles dès que les cordes qui la retiennent sont relâchées.

Cordes enroulées

★

Reconstruction moderne d'un trébuchet

Bras fixé sur l'axe de rotation

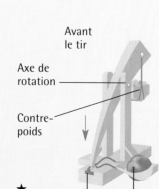
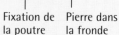

Filet contenant des pierres ou des animaux morts (vecteurs de maladies).

Le trébuchet, mis au point à partir du mangonneau, est plus puissant et précis. Les soldats qui l'actionnent sont des spécialistes, capables de lancer des projectiles au même endroit à plusieurs reprises afin d'ouvrir une brèche.

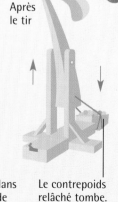

Avant le tir

Après le tir

Axe de rotation

Contre-poids

★

Fixation de la poutre

Pierre dans la fronde

Le contrepoids relâché tombe.

Boue, puces et dysenterie

Un siège consiste à encercler un château afin de le prendre par la force. Si la résistance est mieux organisée que prévu, il suffit alors d'attendre que les vivres viennent à manquer. L'inconvénient est que cela peut prendre des mois. Pendant ce temps, les attaquants sont eux aussi confrontés à des problèmes : ils doivent manger, car la nourriture volée (colère des paysans du coin...) ne dure pas, et se préoccuper des renforts venus de l'extérieur porter secours aux assiégés.

Il faut aussi se protéger de la pluie qui transforme rapidement le camp militaire, déjà sommaire, en un endroit boueux et malsain, où les puces, la dysenterie et le choléra rôdent. Les maladies et la gangrène, qui gagne les soldats blessés, tuent plus sûrement que les armes les plus meurtrières.

Sous la tente d'un chevalier, un docteur s'active au chevet des blessés.

Le seigneur peut alors décider de diviser ses forces et de n'assiéger le château qu'avec une troupe réduite. Mais il risque alors de se retrouver en position de faiblesse. Les semaines se transforment en mois, l'ennui s'installe parmi les soldats et les disputes se multiplient, entraînant un relâchement général dont l'assiégé peut profiter en lançant quelques attaques surprises.

Liens Internet

Site 1 L'attaque d'un château fort.

Site 2 Les machines de guerre utilisées au Moyen Âge reconstituées à l'identique.

Pour les liens vers ces sites, connecte-toi à : www.usborne-quicklinks.com/fr

Camp militaire sous la pluie

La sape

Un ennemi rusé ne s'attaque pas de front à un château. Il préfère creuser sous les fondations. C'est le travail des sapeurs. Ces soldats se frayent un passage souterrain jusqu'aux murs en construisant une galerie renforcée par un coffrage en bois. Quand ils y mettent le feu, une partie de la muraille du château s'écroule en même temps.

Ainsi, en 1215, le roi Jean d'Angleterre a assiégé le château d'un baron rebelle, à Rochester, en Grande-Bretagne. Il a sapé l'une des tours d'angle du donjon et entretenu le feu dans la galerie avec la graisse de 40 porcs jusqu'à ce que la tour (et le baron) s'effondrent.

Le travail des sapeurs

Les sapeurs treuillent les gravats.

Les gravats pourront servir à combler les douves.

Galèrie renforcée par un coffrage en bois.

Le travail est pénible : il faut creuser sous terre et sortir les gravats.

49

Les ruses de guerre

Ou comment se faire mettre le grappin (ou corbeau) !

Dès qu'un seigneur se voit assiégé, il commence par dépêcher un messager à son allié le plus proche. Ensuite, il ordonne de rationner la nourriture et de surveiller les puits du château (pour prévenir tout risque d'empoisonnement de l'eau).

Latrines suspectes

Quand un château est assiégé, même les latrines sont suspectes. Le roi d'Angleterre Jean sans Terre l'a appris à ses dépens. Il a en effet perdu sa résidence de Château-Gaillard, en 1204, au profit du roi de France Philippe II Auguste, quand un brave soldat français (sans doute au nez bouché !) a escaladé les latrines et réussi à ouvrir une fenêtre pour laisser entrer ses compagnons.

Attaque surprise

L'attaque est la meilleure défense. L'attaque surprise, qui en général se déroule à la faveur de la nuit, est une tactique efficace. Un petit groupe de soldats se faufile par la poterne du château, surprend le garde ennemi et met le feu au camp adverse ou détruit un engin de siège sur le point de tirer.

Action directe

Dans l'enceinte du château, les archers fournissent un flot constant de flèches, d'autres soldats lancent pierres et sable brûlants et les hommes d'armes repoussent avec de longs crocs les échelles dressées contre la muraille. Ils possèdent aussi un énorme grappin conçu pour saisir les soldats ennemis qui approchent la muraille de trop près.

De plus, ils surveillent la porte d'entrée à tour de rôle et versent de l'eau bouillante sur les attaquants par les assommoirs. Les assiégeants leur lancent parfois des carcasses d'animaux en décomposition, qu'il faut brûler aussitôt pour éviter la propagation des maladies (c'est la guerre bactériologique de l'époque).

Les latrines

Ce soldat se hisse par le puisard des latrines.

Des soldats attendent au pied de la tour.

Les eaux usées s'écoulent directement dans les douves.

Affaire de tactiques

Attaquer un château fort exige de nombreux soldats, mais une poignée d'hommes d'armes suffit à le défendre (au château de Carnarvon, en 1403, 428 soldats soutinrent un siège qui causa la perte de 300 attaquants). Ruse et tactique militaire sont essentielles. Quelques mannequins de paille installés sur les tours font croire que la garnison est importante ou lancer du pain laisse penser aux assaillants que la nourriture est abondante dans le château.

Le test de la sape

En surveillant quelques bols remplis d'eau disposés aux quatre coins du château, l'assiégé sait quand l'ennemi commence son travail de sape. En effet, les rides qui se forment à la surface indiquent une activité souterraine. Les assiégés creusent alors dans le sens inverse, dans le but de se battre au point de rencontre.

La reddition

Excepté la famine et les maladies, l'ennui et le manque de contact avec l'extérieur sont les pires ennemis des assiégés. Les fausses rumeurs qui circulent minent en effet le moral plus sûrement que le travail de sape !

Si les châtelains, en proie à la panique et sans espoir de renforts, demandent à se rendre, les attaquants, heureux de l'issue prochaine et de meilleure humeur, se contentent de prendre le château. La vie du seigneur est, en général, épargnée.

Héraut volant

Même si la reddition est entendue, les attaquants ne dépêchent pas d'émissaire sans précautions, car il arrive souvent que le héraut, chargé des pourparlers, revienne via le trébuchet : tête la première et le corps à la suite.

Dans leur mine respective, assiégeants et assiégés sont sur le point de se rencontrer.

Ruses, pièges et espions

Il ne faut jamais laisser passer la chance de mettre fin à un siège. L'hiver 1142, alors que son château d'Oxford était assiégé, l'impératrice Mathilde (dite Mahaut, 1102-1167), s'habilla de blanc et, sous le couvert de la neige, s'enfuit en passant par les douves gelées. Une autre histoire raconte que les assiégés attaquèrent par surprise 140 assiégeants en train de festoyer.

Mais les belligérants se partagent l'art de feindre. En 1341, en Écosse, un noble, sir William Douglas, reprit le château d'Édimbourg grâce à son déguisement. Avec ses compagnons, ils se firent passer pour des paysans chargés de vivres. Une fois les portes ouvertes, ils les bloquèrent avec leurs charrettes, s'engouffrèrent dans le château et se ruèrent sur la garnison encore endormie.

La ruse, mais aussi les passages secrets et les espions sont monnaie courante à cette époque.

Contremine

Poutre de bois pour soutenir la galerie.

Mine

Ce soldat accroupi écoute les soldats ennemis qui progressent dans leur mine.

Les forteresses du monde

Au Moyen Âge, des forteresses se dressent dans toute l'Europe jusqu'à la Russie occidentale. Mais, à cette époque, d'autres parties du monde se protègent aussi des envahisseurs. Aux XIe et XIIe siècles, au cours des croisades au Moyen-Orient, l'Europe chrétienne découvre les forteresses musulmanes. Elle s'approprie leurs idées architecturales pour en bâtir de nouvelles. Quelque 300 ans plus tard, alors que les châteaux forts européens deviennent des châteaux de plaisance, au Japon, les guerriers constituent une puissante caste qui se fait construire des forteresses.

Le krak des Chevaliers est un château concentrique situé en Syrie. Il a été élevé par les croisés sur les ruines d'une ancienne forteresse islamique.

Les croisés

C'est en 1095, à Clermont, en France, que le premier appel aux croisades est lancé : le pape Urbain II demande à tous les chevaliers européens de libérer la Terre sainte (la Palestine) des envahisseurs musulmans turcs. Des milliers de fidèles partent au Moyen-Orient, certains plus avides de gloire et de richesses que poussés par le zèle religieux.

En chemin, les chevaliers bâtissent des forteresses qui leur serviront de bases militaires et d'où ils pourront attaquer les villes voisines.

Ville assiégée, au Moyen-Orient

Pressés et disposant de peu de terres, ils élèvent à la va-vite une enceinte rudimentaire, entourée de fossés. Ils choisissent souvent un endroit inaccessible, sur une falaise ou dans une vallée, qui domine une route commerciale assidûment fréquentée.

Ainsi, le château de Kérak, en Jordanie, est un obstacle aux communications des musulmans. Après de nombreuses attaques, le sultan Saladin Ier réussira enfin à le prendre en 1188.

 Liens Internet

Site 1 Pour en savoir plus sur la caste des samouraïs au Japon.

Site 2 Un lien pour te documenter sur les croisades.

Pour les liens vers ces sites, connecte-toi à : www.usborne-quicklinks.com/fr

Pour rendre leur accès difficile, les forteresses japonaises sont bâties en hauteur.

Toits en surplomb

Les pierres formant la base du château ne sont pas cimentées.

Au Japon

Les seigneurs japonais, connus sous le nom de *daimyo*, élèvent des forteresses pour protéger leur famille et leurs soldats, mais également pour montrer leur puissance et leur fortune. Les châteaux portent le nom du site sur lequel ils sont bâtis suivi de *jo*, « château ».

Les premières forteresses sont de simples tours d'observation construites au sommet des montagnes. Éloignées, peu pratiques pour lancer une attaque ou pour abriter une garnison, elles sont ensuite édifiées sur des collines.

Himeji-jo est un château bâti sur une colline, à Himeji, au Japon. Il est surnommé le « héron blanc ».

Les étages supérieurs sont en bois recouvert de plâtre pour être protégés du feu.

Les châteaux japonais ont aussi des mâchicoulis, appelés *ishi-otoshi* (« chutes de pierres »).

Cependant, cette position, moins élevée, les rend plus vulnérables aux assauts. Des tours de guet, des douves, des enceintes et des portes qui s'ouvrent en deux temps sont conçues pour piéger les ennemis. La tour s'agrandit et forme le donjon central, ou *istenshu*, entouré d'au moins trois basses-cours imbriquées comme un labyrinthe pour mieux perdre les assaillants. Avant toute construction, le *daimyo* établit les plans du château à l'aide de cordes.

La tour maîtresse s'élève à 46,40 m.

L'armure du chevalier japonais, ou *samouraï*, est composée de plates laquées, ce qui empêche la rouille.

Les chevaliers japonais

À des milliers de kilomètres de l'Europe, le Japon a créé son propre système féodal. Le *samouraï*, ou chevalier japonais, est soumis corps et âme à un seigneur pour lequel il combat en échange de terres. Les samouraïs se conforment à un strict code de l'honneur réglé par la bravoure et l'honnêteté.

La tour maîtresse héberge le seigneur et sa famille. Les serviteurs et les soldats vivent dans les bâtiments voisins.

Ouverture pour lancer des pierres

Illustration médiévale représentant une joute.

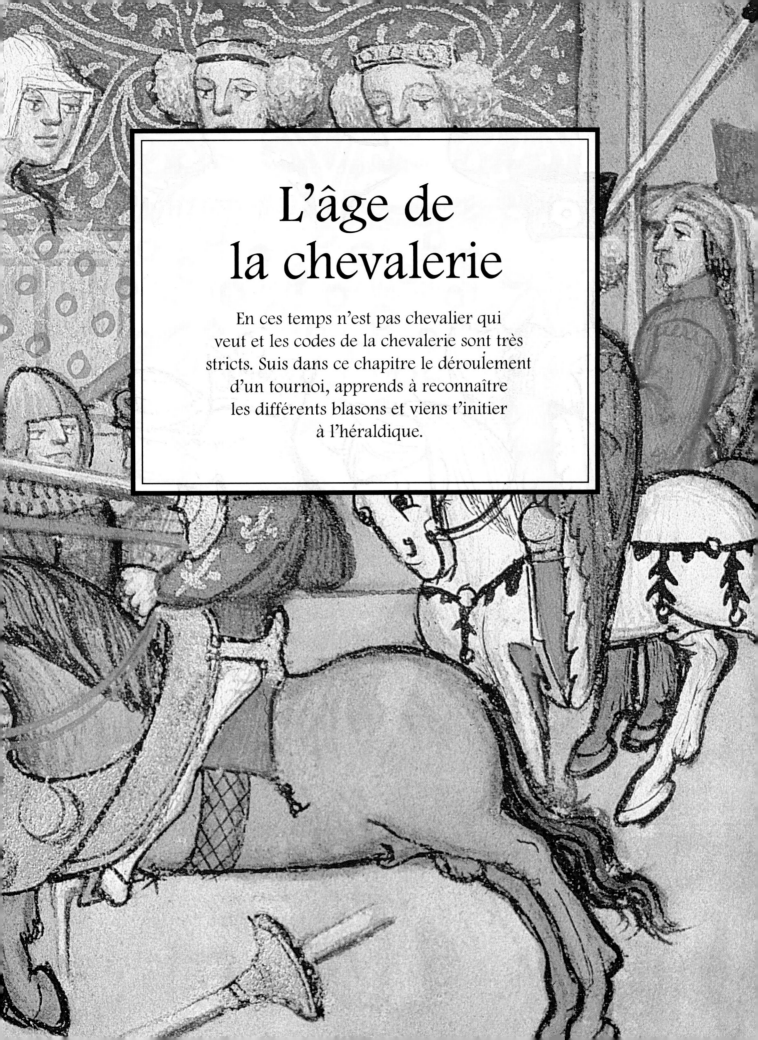

L'âge de la chevalerie

En ces temps n'est pas chevalier qui
veut et les codes de la chevalerie sont très
stricts. Suis dans ce chapitre le déroulement
d'un tournoi, apprends à reconnaître
les différents blasons et viens t'initier
à l'héraldique.

 # Les devoirs du chevalier

Avoir des parents riches est une condition essentielle pour devenir chevalier. Un chevalier n'est pas seulement un soldat à cheval, il a une haute position sociale à maintenir et de nombreux frais lui incombent (entretien des chevaux, des armes, des gens à son service et cadeaux en tout genre à distribuer généreusement autour de lui).

Lors de son apprentissage, le jeune garçon est d'abord page puis écuyer. Il arrive qu'un écuyer soit ordonné chevalier sur un champ de bataille, mais en général il doit être adoubé (fait chevalier) lors d'une cérémonie dite de l'adoubement.

L'adoubement en six leçons

1. La veille, prends un bain. N'oublie pas de frotter derrière les oreilles. (Un chevalier doit être propre.)

2. Va dans la chapelle du château et demande toute la nuit à Dieu qu'il fasse de toi un preux chevalier.

3. Aidé d'un page et d'un écuyer, revêts ton armure. Sois patient, car il y a fort à faire.

4. Agenouille-toi devant le seigneur. Lors de l'adoubement, il te donne un coup (colée) sur la nuque.

5. N'oublie pas de remercier le seigneur quand il te tend ton épée et tes éperons.

6. Retourne à la chapelle, où le prêtre va te bénir afin que tu sois toujours victorieux au combat.

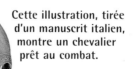

Cette illustration, tirée d'un manuscrit italien, montre un chevalier prêt au combat.

La vie d'un chevalier

Le chevalier doit assistance militaire à son seigneur : 40 jours durant, il est sous ses ordres, le protège et combat en son nom. En échange, des terres lui sont accordées. Le reste du temps, les chevaliers participent à des tournois afin de gagner de l'argent.

L'équipe du chevalier

Un chevalier se déplace rarement seul. Il est accompagné de pages, d'écuyers, d'autres combattants, de serviteurs portant l'équipement. Il possède trois chevaux : un destrier pour la guerre, un palefroi pour voyager et un sommier, cheval de bât qui porte les bagages.

Un chevalier se déplace avec ses chevaux et ses gens.

La chevalerie

Dérivée du mot cheval, la chevalerie est une institution féodale qui, dès le XIIe siècle, rassemble les combattants à cheval autour d'une même fonction et d'un même idéal. Ils se conforment à une éthique chevaleresque qui associe la largesse (être bon, fidèle, courtois envers les dames) et la prouesse (être loyal et vaillant au combat).

Des poètes lyriques

Au Moyen Âge, l'esprit chevaleresque est encouragé par les chevaliers ménestrels. Ces poètes lyriques, appelés troubadours ou trouvères, écrivent des chansons en vers et vantent les exploits des chevaliers. Ils parlent aussi d'amour courtois, un art de vivre et d'aimer pur et raffiné, tourné entièrement vers le respect de leur dame.

S'inspirant d'Aliénor d'Aquitaine, reine de France et d'Angleterre au XIIe siècle, les femmes, qui jusqu'à présent n'avaient pas leur mot à dire dans la société, accueillent l'idéal des chevaliers avec bonheur.

« Saint Georges et la princesse » est un récit chevaleresque populaire, peint sur les murs de l'église italienne de San Zeno Maggiore, à Vérone, en Italie.

Liens Internet

Site 1 Tout savoir sur les chevaliers.

Site 2 Quelques histoires et légendes médiévales (Robin des Bois, Tristan et Iseut, etc.).

Pour les liens vers ces sites, connecte-toi à : www.usborne-quicklinks.com/fr

Ignorant la sérénade donnée par un chevalier en son nom, une châtelaine prend connaissance des nouvelles que lui rapporte sa dame d'honneur.

Les tournois

Quand le chevalier ne guerroie pas, il participe aux tournois. Pour lui, c'est un moyen de gagner sa vie. Cette fête, sorte de substitut à la guerre, où les chevaliers exercent leur adresse à la lance et à l'épée, remonte au XIe siècle.

À l'origine, véritable bataille au cours de laquelle se mêlent brutalement deux troupes de chevaliers, le tournoi est interdit par l'Église, car il en résulte trop de morts et de blessés.

Ces chevaliers attendent d'entrer en lice.

La joute

Codifiée et moins populaire, la mêlée du tournoi se transforme alors en joute, qui attire de nombreux curieux. Deux chevaliers lancés au grand galop tentent mutuellement de se renverser à l'aide de leur lance (chaque combattant peut briser trois lances). Ensuite, ils descendent de cheval et poursuivent à l'épée jusqu'à ce que le vaincu mette genou à terre ou lâche son arme.

Vers 1350, les tournois sont à leur apogée.

Lance

Les chevaux sont protégés par une armure et un rembourrage de paille.

Ce chevalier vaincu tente de racheter son cheval et ses éperons.

Pertes et profits

Au XIIIe siècle, la chevalerie est réputée et les tournois sont des combats civilisés, de véritables spectacles qui attirent de loin les chevaliers. Ils ne risquent plus leur vie et s'affrontent à armes émoussées et sans aspérités ; cependant, les vaincus doivent offrir chevaux et armures (ou l'équivalent en argent) aux vainqueurs, et les blessures peuvent être graves.

Combats à la barrière

Au XVe siècle, lors des joutes, les chevaliers s'affrontent de chaque côté d'une palissade. En séparant les deux combattants, cette barrière empêche qu'un

Un voleur en action

chevalier désarçonné soit piétiné à mort par le cheval de son adversaire.

Blason
de l'hôte

Ce page
escalade la
tribune pour
mieux voir.

Le héraut
d'armes
annonce la
compétition.

Tentes des
chevaliers
invités

Coupe du
vainqueur

Des brancardiers évacuent
un chevalier blessé.

Le seigneur et sa dame ainsi
que leurs invités et quelques
notables assistent aux tournois
du haut de leur tribune (ou
hourd) décorée.

Le bout des lances est émoussé,
mais cela n'empêche pas
les accidents.

Ce champ clos,
où se déroulent
les joutes,
s'appelle lice.

Garde du
seigneur

Barrière

Vendeur de boissons

Autres attractions

À côté du tournoi, des
compétitions de tir à l'arc,
des combats d'escrime et
de lutte prennent place.
La journée est dédiée à
la fête. Les nobles sortent
leurs beaux atours et les
paysans se reposent enfin.

Une compétition
de tir à l'arc se
déroule pendant
ce temps.

59

L'héraldique

Sous leur heaume, les combattants sont méconnaissables. Les chevaliers s'identifient alors grâce à leur blason, qui rassemble les armoiries. Ce sont des signes de reconnaissance peints sur le bouclier, ou écu, et cousus sur le surcot (vêtement à longues manches porté par-dessus l'armure).

Sur ce vitrail, l'empereur germanique Rodolphe Ier de Habsbourg est représenté avec son blason.

Le blason

À l'époque des tournois, les chevaliers, pour se distinguer, portent une cotte d'armes, un habit d'ornement à longues manches affichant leurs armoiries. Aujourd'hui, le blason désigne l'ensemble de ces armoiries. Il est divisé en sections (la droite et la gauche sont inversées, car il faut considérer l'écu du point de vue du porteur).

Le fond, appelé champ, est peint comme un métal, or ou argent, comme une fourrure, hermine ou vair, ou comme une couleur, azur (bleu), gueules (rouge), sable (noir), sinople (vert) ou pourpre.

C'est en tournoi que les blasons sont particulièrement utiles, lorsque les hérauts d'armes se chargent de présenter les chevaliers dès qu'ils entrent en lice. Les hérauts sont experts à mémoriser les faits d'armes et armoiries. De là vient l'héraldique, la science des blasons, avec ses règles, ses lois et son langage.

Les divisions du blason

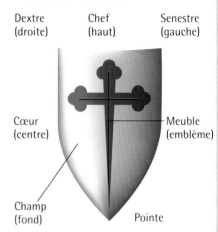

Dextre (droite) — Chef (haut) — Senestre (gauche)

Cœur (centre) — Meuble (emblème)

Champ (fond) — Pointe

Si le fond est un métal, le meuble doit être une couleur et si le fond est une couleur, le meuble est un métal.

Les armoiries familiales

Entre nobles, les armoiries se transmettent de génération en génération et s'affichent partout. La fille se sert de celles de son père jusqu'au mariage, lorsque ses armoiries s'unissent alors à celles de la famille du mari. Selon son ascendance, le garçon possède en effet ses propres armoiries, légèrement différentes de celles de sa famille.

Tant que son père est en vie, l'aîné des garçons arbore ce symbole.

 Liens Internet

Site 1 Un site complet sur l'héraldique en Europe.

Site 2 L'héraldique et l'art des blasons.

Pour les liens vers ces sites, connecte-toi à :
www.usborne-quicklinks.com/fr

Petit guide des blasons

Le héraut d'armes répertorie les blasons sur un rouleau de parchemin. Les plus simples (pièces honorables) :

| Chef | Fasce | Pal | Bande | Croix | Sautoir | Chevron | Pile |

Le blason peut être divisé en partitions ou en rebattements (partitions sécantes ou qui se répètent) :

Les partitions   **Les rebattements**

| Coupé | Parti | Tranché | | Palé | Fascé | Bandé | Fasce ondée |

| Écartelé | Chapé | | Échiqueté | Pal ondé | Losangé | Gironné |

Quelques meubles :

| Lion | Renard | Fleur de lys | Rose | Croix fleurdelisée | Haches en sautoir | Croissant |

Le choix des armes

Les meubles ont leur signification propre. Une coquille Saint-Jacques représente un pèlerin et indique que, à l'origine, le blason a été porté par quelqu'un ayant fait le voyage jusqu'à Saint-Jacques de Compostelle (en Espagne). Une abeille symbolise quelqu'un qui a travaillé dur, une épée un soldat. Les armoiries jouent également avec le nom du porteur : c'est un château qui figure sur le blason du royaume espagnol de Castille, *castille* signifiant « château ».

Cette illustration, tirée d'un manuscrit espagnol, montre le roi de Castille (« château ») et León (« lion »). Sur les armoiries, le blanc remplace l'argent, susceptible de ternir.

Blasonner

Décrire un blason se dit blasonner. C'est ce que fait le héraut d'armes quand il répertorie les armoiries. Il commence par le champ (métal ou couleur et ses partitions) puis les meubles. Voici deux blasons inventés :

D'Argent Vairé et de Sinople (le vair est une fourrure)

De Gueules et d'Azur Parti à Galère (un bateau) d'Or

Cette scène reproduisant une illustration médiévale montre Christine de Pisan, agenouillée, en train de présenter le livre qu'elle a écrit à la reine Isabelle de Bavière.

La vie de château

Ce chapitre décrit la vie quotidienne dans
un château, avec ses habitants, des serviteurs
les plus humbles aux personnages les plus
éminents, ses banquets et ses distractions,
mais également la vie en dehors de l'enceinte,
dans les villages et les villes.

# Le seigneur et ses gens

En ce temps-là, seuls le roi et les seigneurs possèdent un château. Le châtelain visite son domaine et ses tenanciers (gestionnaires d'une terre qu'il ne leur concède qu'à titre de jouissance) et surveille la gestion de la seigneurie (terres et droits s'y rapportant). S'il est payé et qu'aucune révolte paysanne ne menace, il s'estime satisfait.

Il rend aussi la justice et tranche en cas de conflits en distribuant les châtiments. De plus, il reçoit avec faste. Mais si le roi fait appel à lui pour siéger à la cour ou partir en guerre, il se soumet à l'autorité royale. Son épouse le remplace alors dans la gestion de la seigneurie.

Le sceau du seigneur

Au début du Moyen Âge, les seigneurs sont souvent à la guerre. Il reste peu de temps pour apprendre à lire et à écrire. Ce sont les clercs qui se chargent de leur courrier, eux apposent simplement leur empreinte, ou sceau, dans la cire pour authentifier les documents.

Les officiers du roi

Le roi possède en général plusieurs résidences. Comme il ne peut être partout à la fois, il délègue ses pouvoirs à des officiers locaux qui lèvent les impôts en son nom et punissent les contrevenants.

Le seigneur et sa famille se reposent dans leurs appartements.

Sceau de la reine de France Isabelle de Hainaut

Sceau du baron anglais Robert Fitzwalter

La châtelaine

À cette époque, la femme est peu considérée. La plupart d'entre elles ne se marient pas par amour mais pour transmettre des terres. Toute sa vie, une femme dépend de son mari. Elle s'occupe des enfants et de leur éducation, ainsi que des affaires domestiques.

Elle a pour tâche principale de vérifier que les vivres sont suffisants et les comptes exacts. Elle se charge également d'accueillir les invités, de les loger et de les distraire. De plus, en l'absence de son époux, il lui revient de gérer la seigneurie et même de la défendre contre les envahisseurs.

Tapisserie

Peinture murale

La grand-mère s'occupe d'un bébé grognon.

Les enfants jouent aux chevaliers avec des poupées.

Joueurs d'échecs

Bébé qui apprend à marcher.

Les loisirs féminins

Les dames n'ont que peu de temps, mais il leur arrive de lire, de pratiquer des jeux de société, de broder, de chanter et de danser. De plus, elles montent à cheval et chassent avec des faucons. Si une foire s'annonce, elles iront faire quelques emplettes. Elles s'invitent aussi entre elles, pique-niquent et se montrent à la cour du roi.

Tirée du psautier (ensemble de psaumes) de Luttrell, cette illustration du Moyen Âge montre une demoiselle d'honneur qui coiffe une dame.

 Liens Internet

La vie des enfants au Moyen Âge par une école.

Pour le lien vers ce site, connecte-toi à :
www.usborne-quicklinks.com/fr

Le mariage

Dans le système féodal, les mariages sont arrangés dès la petite enfance. La fille se marie vers 14 ans. C'est l'âge où son frère est apprenti écuyer, dans l'espoir de devenir chevalier.

Les journées de la châtelaine sont longues...

Elle commande au sénéchal de nettoyer la salle de réception, où plane une drôle d'odeur.

Elle discute du menu du prochain banquet avec le sénéchal et le maître-queux.

Elle s'assure que le château est fourni en linge et commande du tissu.

Chez le médecin

En général, un médecin habite à demeure au château. Si ce n'est pas le cas, la châtelaine le remplace. Spécialiste en plantes médicinales, elle en fait pousser dans son jardin et prépare elle-même les remèdes.

Les enfants

Les enfants qui déambulent dans le château appartiennent soit au seigneur et à sa dame, soit à leurs proches. Il n'est pas rare en effet que les enfants des nobles passent d'une famille noble à une autre. À 7 ans, les garçons sont pages les uns chez les autres, et les filles apprennent à tenir un château.

Quelques jouets : un cheval de bois, un cerceau et une balle

Les jouets sont en matière naturelle (cuir et bois).

La gestion de la seigneurie

Comme un seigneur peut disposer de plusieurs châteaux forts et manoirs (propriétés entourées de terres) et qu'il est appelé à la cour du roi ou à rendre justice, il se fait souvent remplacer par un officier. Les officiers ont tous une charge précise à exercer dans la gestion quotidienne des différentes résidences du maître. Parfois, un seigneur se fait aider par un officier pour les affaires du château et par un autre pour ses diverses propriétés.

Les officiers

L'intendant, secondé par les baillis, s'assure de la bonne gestion des seigneuries. Sous sa houlette, les amendes, les loyers et les impôts doivent entrer en temps voulu dans les caisses. Certains loyers étant payés en nourriture, sa fonction est vitale. Si les manoirs sont éloignés, il organise charrettes et conducteurs pour les collecter.

Le sénéchal travaille avec lui en étroite collaboration. Il s'occupe des repas et doit souvent prévoir les menus sur l'année, car un cellier vide à l'automne peut annoncer disette ou famine. En temps de paix, il faudra attendre les prochaines récoltes du printemps, et si le château est assiégé, les habitants risquent de mourir de faim.

Un aliment qui manque, par exemple le sucre, denrée de luxe, ne peut pas être remplacé avant longtemps à moins qu'une foire se déplace à proximité ou que les achats puissent se faire dans

Pendus à des clous, les jambons sèchent.

Un serviteur, un sac de céréales sur le dos, entre dans le cellier.

D'impressionnantes quantités de poissons pêchés en mer attendent d'être salées.

Le sénéchal surveille le salage des poissons.

la ville la plus proche. Le salage (conservation dans le sel) des aliments compte aussi parmi ses fonctions. Mais les aliments salés sont servis à tous les repas et, pour changer un peu le goût, les plats épicés sont bienvenus. Les épices ne sont cependant employées qu'en quantité limitée, car elles sont chères. Le sénéchal les met sous clé et les rationne. Il s'occupe aussi de l'organisation des fêtes et banquets.

Les clercs

Les officiers sont assistés par des clercs. Ces derniers font partie des rares personnes à savoir lire et écrire au sein du château. À ce titre, ils tiennent les comptes des loyers et ils enregistrent les plaintes et les jugements. Si le châtelain est un officier royal (comme le prévôt du roi), les clercs sont chargés d'envoyer régulièrement des

rapports au roi et d'entretenir les liens par des lettres obligeantes et courtoises de félicitations, pour le mariage d'une princesse ou la mort d'un ennemi.

Portrait datant du XIIᵉ siècle du moine Eadwine penché sur son pupitre (bureau de clerc, commun à l'époque).

Mettre de l'ordre

La plupart des seigneurs ont plusieurs manoirs (même les propriétaires d'un seul château). En leur absence, les résidences sont habitées par des nobles ou des chevaliers de rang inférieur. Ils sont aidés dans la gestion de la seigneurie par des baillis, des officiers qui contrôlent le travail des paysans et collectent les impôts.

Un bailli et le premier magistrat

Après les baillis viennent les premiers magistrats. Élus par les paysans pour appliquer la loi, ils représentent leurs intérêts devant le seigneur et parlent en leur nom devant le tribunal.

Le chambellan

Secondé par le trésorier, il est chargé de la chambre (appartements privés, biens mobiliers et argent) du seigneur. En ce temps-là, l'argent est toujours liquide. Comme les banques n'existent pas encore, il est enfermé dans un coffre, dans une pièce gardée. Les archives des biens seigneuriaux, des dépenses et des revenus sont tenues avec précision.

Le pupitre du clerc et ses nombreuses plumes pour écrire.

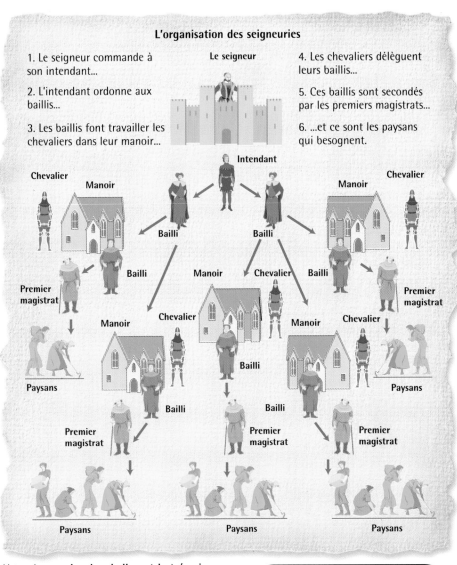

L'organisation des seigneuries

1. Le seigneur commande à son intendant...

2. L'intendant ordonne aux baillis...

3. Les baillis font travailler les chevaliers dans leur manoir...

Le seigneur

4. Les chevaliers délèguent leurs baillis...

5. Ces baillis sont secondés par les premiers magistrats...

6. ...et ce sont les paysans qui besognent.

Intendant

Chevalier — Manoir — Bailli — Bailli — Manoir — Chevalier

Bailli — Premier magistrat — Manoir — Chevalier — Bailli — Premier magistrat

Paysans — Manoir — Chevalier — Manoir — Chevalier — Paysans

Bailli — Bailli

Premier magistrat — Premier magistrat — Premier magistrat

Paysans — Paysans — Paysans

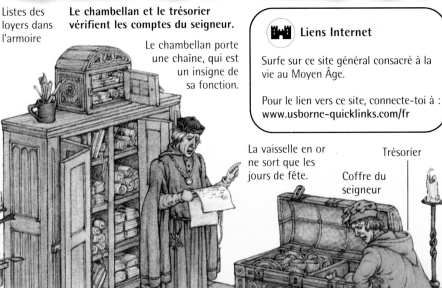

Listes des loyers dans l'armoire

Le chambellan et le trésorier vérifient les comptes du seigneur.

Le chambellan porte une chaîne, qui est un insigne de sa fonction.

La vaisselle en or ne sort que les jours de fête.

Trésorier

Coffre du seigneur

Un clerc

⬛ **Liens Internet**

Surfe sur ce site général consacré à la vie au Moyen Âge.

Pour le lien vers ce site, connecte-toi à : www.usborne-quicklinks.com/fr

Les combattants

Même en temps de paix, il faut surveiller continuellement le château. En effet, les habitants ne sont jamais à l'abri de seigneurs rivaux, désireux d'agrandir leur domaine, par la force si nécessaire. Les hommes du connétable sont donc là, à demeure, pour veiller au grain. Ce sont des hommes d'armes mais aussi des chevaliers qui assurent la défense du château en échange du gîte et du couvert.

Ces chevaliers sont souvent les propriétaires d'un manoir qui s'acquittent de leur service militaire pendant 40 jours. Si leur présence est nécessaire pour un délai plus long, ils ont le droit de payer le seigneur pour qu'il embauche des chevaliers professionnels à leur place, qui vivent alors en permanence au château.

Les hommes d'armes

Parmi les hommes d'armes, il y a les archers, qui tirent indifféremment à l'arc long ou à l'arbalète. C'est le connétable qui leur transmet les ordres militaires, mais ils sont placés sous la commande directe du sergent.

Les guetteurs

Du haut des remparts, les soldats surveillent les alentours et donnent l'alerte si une visite, amicale ou hostile, se profile. Le seigneur a aussi des gardes du corps, qui l'accompagnent en déplacement et le protègent des voleurs qui infestent les bois.

Attaque surprise au coucher du soleil

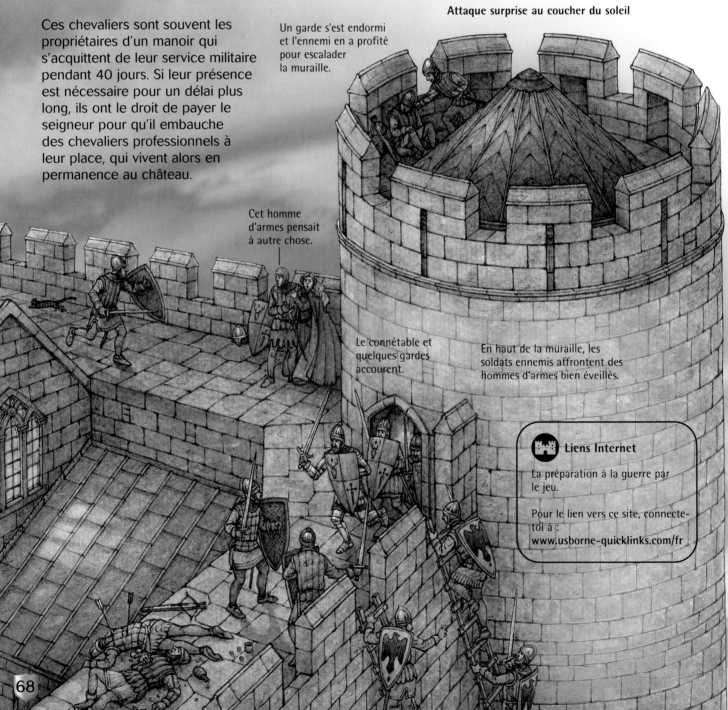

Un garde s'est endormi et l'ennemi en a profité pour escalader la muraille.

Cet homme d'armes pensait à autre chose.

Le connétable et quelques gardes accourent.

En haut de la muraille, les soldats ennemis affrontent des hommes d'armes bien éveillés.

Liens Internet

La préparation à la guerre par le jeu.

Pour le lien vers ce site, connecte-toi à : www.usborne-quicklinks.com/fr

Pages et écuyers

Les chevaliers sont escortés de pages et d'écuyers. Les pages doivent suivre un apprentissage strict. La journée se passe en leçons de lecture, d'écriture et de latin données par le prêtre du château.

Ils apprennent également à se comporter en société, à danser, à chanter et à servir à table (ils sont d'ailleurs très demandés au cours des repas). Ils s'initient de même à l'équitation et à l'escrime avec des épées en bois. À 14 ans, un page devient écuyer. Il a désormais une épée en fer.

Son apprentissage n'est pas terminé pour autant, mais il attache désormais plus d'importance au maniement de l'épée qu'à celui du couteau à découper la viande. Il est aussi responsable des armes et du cheval du chevalier. Il doit l'aider à enfiler son armure et l'accompagne au combat, car il est maintenant aguerri.

Pages à l'entraînement

Ils simulent une joute.

Le connétable du château conseille deux pages sur le maniement de l'épée.

Un page plus âgé, en selle sur un cheval de bois tiré par deux serviteurs épuisés, s'entraîne au maniement de la lance.

Les exercices

Pour devenir un chevalier sportif et aguerri, un écuyer doit s'entraîner de nombreuses heures. Il dresse une quintaine (voir à droite) ou s'exerce à la joute de l'anneau en cherchant à transpercer de sa lance plusieurs cercles alignés.

La quintaine est un poteau à bras rotatif, doté d'un écu d'un côté et d'un sac lesté de l'autre.

★

Sa lance placée en équilibre sous le bras, l'écuyer se prépare à charger la quintaine. Il faut qu'il vise la cible au centre de l'écu.

★

C'est un bon exercice pour vérifier les réflexes, car s'il atteint l'écu, il doit baisser promptement la tête pour esquiver le sac lesté.

# Les serviteurs

Selon les habitants présents au château, une escouade de serviteurs arpentent les couloirs ou, au contraire, le silence est lourd. Les châtelains disposent en général de plusieurs résidences et ils passent le plus clair de leur temps à les visiter (en 1214, le roi d'Angleterre Jean sans Terre possédait 100 châteaux).

Quand les vivres manquent et qu'il faut passer un grand coup de balai, le seigneur et sa cour déménagent, avec les serviteurs, préposés à l'intendance interne et à l'intendance externe.

L'intendance interne

À part les clercs, dont le travail est général, les serviteurs peuvent être attachés à une pièce spéciale, comme la cuisine. Quand le seigneur est là, les victuailles sont abondantes et le labeur en cuisine ne manque pas. Il existe quatre charges dévolues aux plus âgés : le panetier et le bouteiller sont chargés respectivement du pain et du vin, le maître-queux est le cuisinier en chef, qui commande à des dizaines de marmitons et d'aides divers, le majordome est responsable du linge de table.

Serveurs, comme illustrés dans le psautier de Luttrell

Divers services

La salle de réception nécessite ses propres serveurs à table. Il y a aussi des huissiers à chaque porte, des raccommodeuses de vêtements, des gens pour secouer les matelas, enlever la poussière sur les tapisseries et remplacer les nattes sales du sol.

Le tissage sous l'œil attentif d'une araignée, symbole de dur labeur

Les demoiselles d'honneur

En règle générale, les hommes sont beaucoup plus nombreux que les femmes. Il y a bien quelques lavandières et plusieurs couturières travaillant avec les tailleurs, mais à part les femmes qui s'occupent des enfants et les servantes, les autres femmes sont de la famille ou demoiselles d'honneur. Elles sont parentes ou nobles et aident la châtelaine dans ses tâches quotidiennes. De plus, elles lui tiennent compagnie.

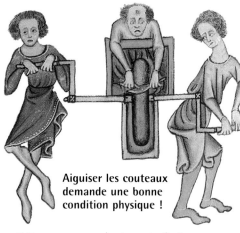

Aiguiser les couteaux demande une bonne condition physique !

Hommes à tout faire

Dans un château, il y a toujours quelque chose à faire, une porte à réparer ou un tuyau qui fuit à colmater, par exemple. Excepté les artisans à demeure comme le forgeron, le charpentier et le plombier, il y a donc toujours du travail pour les bricoleurs.

L'intendance externe

Le maréchal se charge de l'intendance externe, c'est-à-dire tout ce qui concerne l'extérieur du château. Il a des serviteurs sous ses ordres et il est responsable des activités qui se pratiquent dehors, telles que la chasse. Il contrôle tous les messagers ainsi que les charretiers et leurs charrettes qui entrent ou sortent du château. Il surveille également les animaux domestiques.

Mais sa tâche principale consiste à superviser le déplacement du seigneur. Quand celui-ci décide de changer de résidence, il emmène avec lui sa famille, ses serviteurs, ses habits, ses meubles et biens divers, bref un véritable déménagement à chaque fois, ce qui représente un casse-tête pour le maréchal responsable.

Liens Internet

Ce site présente quelques lieux de vie dans un château.

Pour le lien vers ce site, connecte-toi à : www.usborne-quicklinks.com/fr

Le chariot de la châtelaine est équipé de rideaux contre la poussière des routes.

Ce fauconnier rappelle un faucon échappé.

Les charrettes sont surchargées de meubles.

Déménager d'une résidence à l'autre fait appel à toutes les bonnes volontés.

Sacs contenant des ustensiles de cuisine.

Il faut enfermer les animaux familiers.

71

Fêtes et banquets

Le régime alimentaire médiéval est à base de pain, de fromage et de légumes. Les légumes, cultivés dans le potager du château, se dégustent frais en saison et séchés ou saumurés hors saison. Dans le Nord, les vergers donnent pommes et poires, dans le Sud, ils sont plantés de vignes et d'agrumes. L'élevage des abeilles permet d'adoucir les plats avec un peu de miel. Rapporté d'Orient, le sucre est un produit de luxe.

Les tranchoirs

Au Moyen Âge, les Européens ne connaissent pas encore la pomme de terre et seuls les nobles peuvent s'offrir du riz. Le pain est donc l'aliment consommé à tous les repas. Blanc pour le seigneur et ses invités ou brun pour les gens à son service, il sert de tranchoir. Ces tranches de pain posées devant chaque convive sevent d'assiette (pour le seigneur et ses proches, elles sont placées sur un plat en argent). À la fin du repas, les tranchoirs imbibés de sauce sont distribués aux pauvres.

Le régime alimentaire

Les nobles mangent mieux que les pauvres, mais, en général, dans un château, le régime alimentaire est plus copieux qu'à la campagne. Les meilleurs morceaux, tels que la venaison (chair de grand gibier), sont réservés au seigneur et aux officiers de haut rang. L'alimentation des serviteurs est plus rudimentaire. Légumes et bouillie d'orge, agrémentés d'un peu de viande, constituent l'essentiel des repas.

La poule est farcie.

Les nobles, eux, ont de la viande rôtie ou en pâté, sauf les jours où l'Église a décrété qu'ils étaient réservés au poisson. Alors, pour contourner l'interdiction, la bernache est décrite comme poisson et l'oie se mange ces jours-là !

Tranchoir

Un banquet

Le seigneur aime étaler ses richesses et offre souvent de grands banquets destinés à impressionner les visiteurs. Il déploie avec faste et générosité des plats plus exotiques et incroyables les uns que les autres. Ainsi, paons et cygnes sont teints et farcis pour paraître vivants. Les personnages de haut rang sont assis près du seigneur, à portée de main des mets délicats. En bout de table, la nourriture est froide et il ne reste plus que ce que les autres n'ont pas voulu.

Le banquet va débuter.

Les personnages qui n'ont pas de hautes fonctions sont assis en bout de table.

Pâté à la viande

Les ménestrels accordent leurs instruments de musique.

Un page

Jongleurs, acrobates, musiciens sont loués pour la durée de la fête.

Paon farci à la queue déployée comme s'il était vivant.

Les comptes

Un banquet coûte une fortune, comme d'ailleurs la nourriture quotidienne du château. En 1275, au château de Kenilworth, en Angleterre, deux invités ainsi que leurs domestiques ont mangé trois moutons, un bœuf et demi, deux chevreaux, six poules et 300 œufs en un repas.

Poulets à la broche

Le chambellan et des officiers

Le fou du seigneur

Avant le repas, l'évêque invité dit le bénédicité.

Le connétable et sa femme

Le seigneur et sa dame sont installés sur une plate-forme surélevée.

La nef de table contient du sel.

Viande de mouton

La mère du seigneur

Ragoût de bœuf

Château fait en massepain.

Le neveu du seigneur sert en tant que page. Il apporte un peu d'eau aux invités pour qu'ils se lavent les mains.

Liens Internet

Festins et banquets au Moyen Âge.

Pour le lien vers ce site, connecte-toi à :
www.usborne-quicklinks.com/fr

Jeux et divertissements

Dans le château fort du seigneur, les serviteurs s'activent toute la journée et n'ont pas de temps à consacrer aux jeux. Les nobles, eux, s'amusent entre eux lors de banquets mémorables où jongleurs, acrobates, chanteurs et mimes rivalisent d'audace et d'ingéniosité. Le seigneur entretient un fou, un personnage grotesque chargé de le divertir. Quand le calme revient, on s'adonne aux jeux de société, aux commérages ou à la broderie.

Cette enluminure figure un fou.

Bien que condamnés par l'Église, parce qu'ils incitent les joueurs à jurer, les jeux de dés sont très populaires.

Les jeux de société

Les jeux de société comprennent le trictrac (le jacquet), le morpion et les échecs. Ces derniers peuvent être fatals. Il est dit qu'une joueuse a été poignardée par un mauvais perdant et qu'un joueur a reçu un coup d'échiquier parce qu'il menaçait de mettre le Roi en échec.

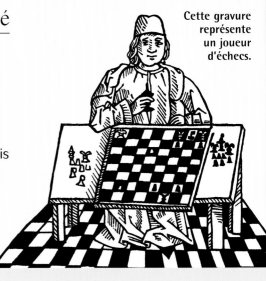

Cette gravure représente un joueur d'échecs.

Fête à la foire

Les serviteurs disposent de leur après-midi de congé, après la messe du dimanche, et de quelques jours fériés, où personne, sauf les prêtres, ne travaille. Ils en profitent pour faire la fête, chanter et danser, mais la foire, qui a lieu deux fois par an en ville, est le moment qu'ils préfèrent.

Les produits exotiques des marchands étrangers, comme les épices en provenance d'Orient, le vin de Méditerranée ou les épées d'Espagne, simulent les papilles et l'imagination.

Le sport

Le sport inclut crosse (ancêtre du hockey, du cricket et du golf), lancer de marteau, nage et jeux de quilles et de boules. La soule (ou choule), très populaire, ressemble au football, mais se joue à plus de 100 joueurs par équipe.

Une foire en ville

Étal de fromages

Remèdes « miracles »

Les rouleaux de soie viennent d'Extrême-Orient.

Cette noble dame choisit du tissu pour sa robe.

Pommes à attraper

Ours qui danse.

Deux lutteurs, sous les vivats de la foule

La musique

Au Moyen Âge, il existe deux types de musique : sacrée (jouée à l'église) ou profane. La musique sacrée primitive est chantée à une seule voix avec une seule mélodie.

Les produits de luxe se vendent sur un étal qu'il est possible de fermer à clé, la nuit.

Dans les rues, des musiciens jouent et les gens dansent.

Les pièces

À l'origine, les pièces se jouent dans les églises. Elles enseignent la Bible aux paysans. Bientôt, elles s'imprègnent de morale, où le bien l'emporte sur le mal. Puis, elles sortent sur le parvis et s'agrémentent de décors et d'effets spéciaux.

Vente de produits locaux (miel par exemple)

Miroirs en argent poli

Théâtre de marionnettes

 Liens Internet

Tous les instruments de musique de l'époque médiévale.

Pour le lien vers ce site, connecte-toi à : www.usborne-quicklinks.com/fr

Ce prêtre admoneste un marchand de reliques (plumes d'ange par exemple).

Le cheval de bât est déchargé.

Couteaux, rubans et bibelots

Ce marchand vend des pots d'épices.

Musique et danse

La musique profane connaît un succès plus grand que la musique sacrée. Deux joueurs ou une dizaine constituent un orchestre avec vielle à roue, viole, flûte, rebec (violon à trois cordes), clarinette, luth, harpe, orgue, cymbales, trompette, tambourins et tambour. Les gens forment un cercle et dansent en se déplaçant dignement en rythme.

Ménestrels et jongleurs

Les ménestrels sont des musiciens ambulants qui vont de ville en ville et de château en château. Ils chantent et colportent les nouvelles. À l'époque, parmi les ménestrels, certains sont appelés jongleurs.

Ce sont des poètes musiciens qui se déplacent également et dont le prestige est grand, car ils peuvent réciter des ballades de 30 000 vers.

Les ménestrels s'accompagnent au luth (qui se joue comme la guitare moderne).

La chasse

Au Moyen Âge, la chasse constitue avant tout une occasion de manger de la viande fraîche. Elle renforce également le lien social entre le seigneur et ses vassaux. La journée de chasse commence tôt, par un petit déjeuner copieux. Ensuite, tous se mettent en selle et chevauchent dans la forêt.

Le veneur lance quelques-uns de ses chiens courants sur la trace d'un sanglier, d'un loup, d'un renard, d'un ours ou d'un cerf et dirige le seigneur dans la bonne direction. Celui-ci souffle dans un cor et rallie la troupe à sa suite.

Les paysans suivent la charrette qui transporte le gibier tué.

Début de la chasse à courre

Charrette de chasse décorée de branchages (manuscrit médiéval).

Les rabatteurs

Parfois, quelques paysans, appelés rabatteurs, sont payés à arpenter la forêt pour y déloger les animaux qui se sont réfugiés à couvert. Ils battent les bosquets avec de grands bâtons et forcent le gibier à aller vers les chasseurs.

Le seigneur sonne du cor.

Veneur

Un collier protège la gorge des chiens contre les défenses des sangliers.

Les forêts royales

Les forêts appartiennent au roi qui accorde aux seigneurs le droit de chasser sur ses terres quand elles jouxtent un domaine seigneurial.

Ce rabatteur a trébuché sur un tronc d'arbre.

Liens Internet

Admire les superbes enluminures du *Livre de la chasse*, de Gaston Phébus.

Pour le lien vers ce site, connecte-toi à : www.usborne-quicklinks.com/fr

Ce braconnier s'enfuit sans demander son reste.

Le braconnage

Les animaux sauvages qui vivent sur son domaine sont la propriété exclusive du seigneur. Un vilain qui les tue est un braconnier. Il vole son seigneur, même si les animaux menacent ses cultures. Les braconniers encourent de lourdes peines. Malgré cela, les paysans affamés chassent avec des arcs et des flèches, des furets, des filets et des pièges. Rien ne peut les arrêter.

Parfois, les veneurs s'arrêtent pour pique-niquer.

Une épine s'est enfoncée dans la patte du chien.

Les limiers sentent la trace du gibier.

Deux hors-la-loi se mettent à couvert (ils vont commettre un méfait ou l'ont déjà fait).

77

La fauconnerie

Au Moyen Âge, les dames chassent peu, sauf avec un oiseau de proie. Ce type de chasse s'appelle fauconnerie. Ce mot désigne aussi l'art d'élever et de dresser des oiseaux de proie pour la chasse, et le lieu où ils sont élevés par le fauconnier. Celui-ci leur apprend à se poser sur le poing et à s'envoler pour attaquer un autre oiseau hors de portée de flèche ou de petits animaux.

Illustration de la fauconnerie tirée d'un manuscrit français intitulé les *Très riches heures*.

Ce fauconnier d'aujourd'hui porte un costume médiéval.

L'entraînement du faucon

Les oiseaux de proie utilisés en fauconnerie sont des oiseaux de grande valeur. Ils sont entraînés avec soin par un fauconnier, qui est un homme hautement respecté. L'empereur germanique Frédéric II décrit le fauconnier idéal dans *L'Art de chasser avec les oiseaux* : il est petit, doté d'une vue et d'une ouïe excellentes, et sait se montrer patient et hardi.

Les quatre étapes de l'entraînement

1. Les serres taillées, la tête couverte d'un capuchon et des grelots aux pattes, le faucon se perche sur le poing du fauconnier.

2. Tant qu'il n'est pas domestiqué et habitué à être tenu par l'homme, le fauconnier nourrit le faucon.

3. Le faucon n'a plus de capuchon et est attaché à une filière (ou créance). Pour se nourrir, il attrape un leurre (fausse proie) garni de viande.

4. Enfin, le fauconnier libère le faucon. Il attaque de petits oiseaux et revient se poser sur le poing.

Selon le rang

La hiérarchie sociale s'applique aussi aux oiseaux de proie. Un oiseau est dévolu à un propriétaire en fonction du rang de ce dernier. Il est déconseillé à un noble de chasser avec un faucon gerfaut, assigné au roi. Les nobles doivent s'en tenir aux faucons pèlerins et leurs dames aux faucons émerillons femelles.

Empereur :
Aigle

Roi :
Faucon gerfaut

Les instruments

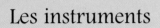

Le leurre attire l'attention de l'oiseau.

Le capuchon couvre la tête de l'oiseau et le calme.

La longe retient l'oiseau captif.

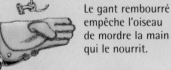

Le gant rembourré empêche l'oiseau de mordre la main qui le nourrit.

Le fauconnier repère l'oiseau égaré grâce aux grelots.

La gibecière du fauconnier, ou fauconnière, contient les récompenses.

Princes et nobles :
Faucon pèlerin

Baron :
Buse variable

Chevalier :
Faucon sacre

Écuyer :
Faucon lanier

Dame : Faucon émerillon

Paysan affranchi :
Autour des palombes

Prêtre : Épervier d'Europe

Paysan : Faucon crécerelle

La noble dame se prépare à la chasse sous l'œil du fauconnier.

Le fauconnier transporte les oiseaux de proie.

La dame monte en amazone.

Les villageois

Un seigneur n'est pas uniquement responsable de sa famille et des gens de son château. Il doit aussi s'occuper des paysans, serfs ou vilains, qui vivent dans les villages situés sur ses terres. À la fin du Moyen Âge, en Europe, près de 90 % de la population vit dans des villages.

Le village

De même qu'il n'y a pas deux châteaux forts semblables, les villages non plus ne se ressemblent pas. Toutefois, en général, près du château et des terres du seigneur (la seigneurie) se trouvent une église, une trentaine de chaumières où vivent les paysans et un puits ou un cours d'eau. Il y a aussi un moulin et une pâture commune où viennent paître les troupeaux. La surface cultivable est divisée en trois. Les récoltes de céréales nourrissent les habitants du château, les villageois et, souvent, les soldats ennemis.

Disposition typique d'un village médiéval avec trois grands champs

Champ au nord (blé)

Champ à l'ouest (en jachère)

Chaumières de paysans

Terrain communal

Église

Presbytère

Champ à l'est (orge)

Chaumières de paysans

Communs

Champ souvent inondé

La rotation des cultures

Dans le village, les trois grands champs sont divisés en plusieurs parcelles étroites, que les familles se partagent. Bonnes et mauvaises parcelles sont équitablement réparties dans chaque champ, mais le seigneur se réserve toujours les meilleures. Toutefois, les paysans perdent beaucoup de temps à atteindre les parcelles éloignées.

Cette gravure sur bois de la fin du Moyen Âge montre un paysan qui sème à la volée.

De plus certains, moins acharnés que d'autres au désherbage, sont responsables du faible rendement. Tous les trois ans, les paysans pratiquent la rotation des cultures : les parcelles sont consacrées aux céréales d'hiver (blé et seigle), aux céréales de printemps (avoine et orge) et mises en jachère (au repos). Dans ce cas, des terres cultivables sont malheureusement laissées à l'abandon.

Au champ !

Quand le seigneur n'a plus besoin d'eux, mais il a priorité, surtout à l'époque des moissons, les paysans travaillent leurs champs au fil des saisons. À l'automne, ils labourent, sèment et en profitent pour réparer les outils et nettoyer les fossés. En hiver, les animaux qui ne peuvent être nourris sont abattus et leur viande conservée.

Faucille médiévale

Les paysans font tout à la main : ils récoltent céréales et foin avec une faucille comme celle-ci.

Au printemps, les céréales (avoine) et les légumineuses (pois, fèves) sont semées. Il faut alors désherber sans cesse dans l'espoir de bonnes récoltes en été. Quand il fait beau, les paysans coupent les foins et les laissent sécher pour nourrir leur bétail pendant l'hiver.

Les paysannes cultivent fruits et légumes, et battent le beurre. Elles filent aussi la laine qu'elles transforment en un fil grossier et cousent des vêtements pour toute la famille. Même les enfants ont leur part de travail. Ils s'occupent des animaux et effraient les oiseaux qui menacent les récoltes.

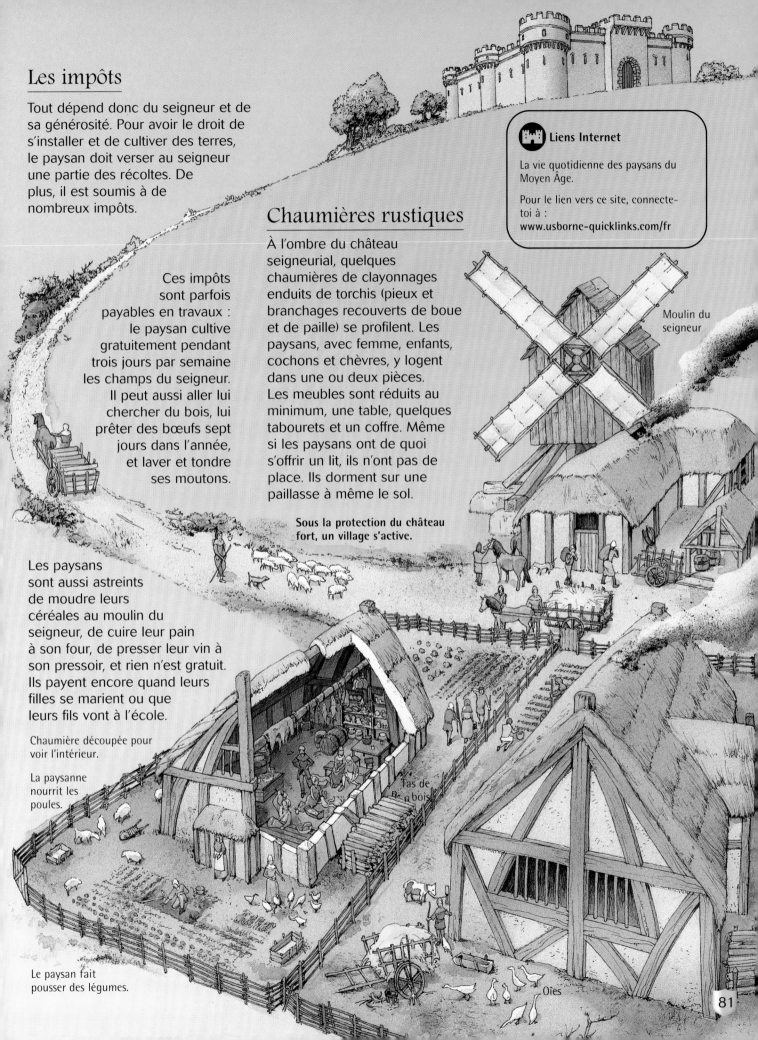

Les impôts

Tout dépend donc du seigneur et de sa générosité. Pour avoir le droit de s'installer et de cultiver des terres, le paysan doit verser au seigneur une partie des récoltes. De plus, il est soumis à de nombreux impôts.

Ces impôts sont parfois payables en travaux : le paysan cultive gratuitement pendant trois jours par semaine les champs du seigneur. Il peut aussi aller lui chercher du bois, lui prêter des bœufs sept jours dans l'année, et laver et tondre ses moutons.

Les paysans sont aussi astreints de moudre leurs céréales au moulin du seigneur, de cuire leur pain à son four, de presser leur vin à son pressoir, et rien n'est gratuit. Ils payent encore quand leurs filles se marient ou que leurs fils vont à l'école.

Chaumière découpée pour voir l'intérieur.

La paysanne nourrit les poules.

Le paysan fait pousser des légumes.

Liens Internet

La vie quotidienne des paysans du Moyen Âge.

Pour le lien vers ce site, connecte-toi à : www.usborne-quicklinks.com/fr

Chaumières rustiques

À l'ombre du château seigneurial, quelques chaumières de clayonnages enduits de torchis (pieux et branchages recouverts de boue et de paille) se profilent. Les paysans, avec femme, enfants, cochons et chèvres, y logent dans une ou deux pièces. Les meubles sont réduits au minimum, une table, quelques tabourets et un coffre. Même si les paysans ont de quoi s'offrir un lit, ils n'ont pas de place. Ils dorment sur une paillasse à même le sol.

Sous la protection du château fort, un village s'active.

Moulin du seigneur

Tas de bois

Oies

# Crimes et châtiments

Le Moyen Âge reste dans les mémoires comme une période de cruauté, où règne la loi du plus fort. En réalité, il n'y a pas de police nationale ni de système pénitentiaire pour la faire respecter, mais les soldats du roi ou des seigneurs ainsi que la justice royale ou seigneuriale existent bel et bien.

Le tribunal du château

Les criminels (meurtriers et voleurs) sont arrêtés par les prévôts, qui font parfois justice eux-mêmes ou, le plus souvent, amènent les prévenus devant les juges du roi. Toutefois, au château, le seigneur reste le maître.

En cas de conflits entre gens de sa seigneurie, il préside un tribunal et distribue des amendes aux coupables. Il peut même, s'il estime qu'il a perdu son temps à la recherche d'un fautif innocent, faire payer le plaignant. De toute façon, il empoche toujours de l'argent. Un paysan qui n'accepte pas de travailler ses terres ou qui est pris dans ses bois est traîné devant le seigneur par le bailli pour être jugé en conséquence.

Le premier magistrat, en tant que porte-parole des villageois, plaide la cause d'un paysan devant le seigneur.

Au château, le seigneur préside un tribunal. Les adversaires en viennent aux mains.

Il arrive parfois que les serfs ou les vilains s'enfuient pour échapper au joug seigneurial. S'il s'écoule un an et un jour sans qu'ils soient rattrapés, ils sont affranchis. Comme il est du devoir des autres de les dénoncer, ils ne peuvent plus se réfugier dans leur village, et c'est en ville qu'ils cherchent refuge.

La loi du bourg

En ville, le maire et les conseillers sont chargés de faire appliquer la loi et l'ordre. Dans la journée, ils paient un officier de justice, le connétable, pour arrêter les contrevenants. La nuit, la garde prend le relais. Composée d'habitants, jeunes ou vieux, qui veillent à tour de rôle sur le bourg endormi, elle doit crier haro pour ameuter la foule contre un coupable pris en flagrant délit.

Les malfaiteurs sont jugés au plus vite. Ils passent parfois quelque temps dans une cellule, mais dès qu'ils sont déclarés coupables, ils sont alors condamnés à la flagellation. On ne les envoie pas en prison.

Ce masque de la honte est allemand. Il était porté par tout coupable d'un délit mineur.

De chaque côté du masque, des clochettes signalaient la présence du coupable.

Liens Internet

Quelques engins de châtiment utilisés au Moyen Âge. Déconseillé aux âmes sensibles !

Pour les liens vers ces sites, connecte-toi à : www.usborne-quicklinks.com/fr

Punition adaptée

À l'époque, l'humiliation publique est la plus exemplaire des punitions. Ainsi, les commères, attachées sur une sellette au bout d'un tronc d'arbre, sont plongées plusieurs fois sous l'eau.

Sellette à plongeon

Un boucher qui a vendu de la viande avariée est mis au pilori tout un après-midi. Les mains entravées par une poutre, il affronte les fruits pourris et le regard des curieux.

Deux boulangers sont punis pour avoir vendu du pain rassis.

En général, les punitions correspondent au délit. Ainsi, celui qui a proposé du vin aigre doit en boire une partie et recevoir le reste sur la tête. Toutefois, les délits plus graves sont punis par le fouet. Les meurtriers et même les petits voleurs sont pendus, mais les nobles peuvent demander à être décapités.

Quand les crimes sont odieux, un jury composé de paysans siège à côté du juge. Mais les punitions sont si barbares que le coupable est souvent déclaré innocent, à tort ou à raison.

Prouver son innocence

Au début du Moyen Âge, d'anciennes coutumes perdurent, comme les combats à mort. On a aussi souvent recours au jugement de Dieu, ou ordalie. Le criminel est déclaré coupable ou innocent selon son état après la punition. Par exemple, s'il tient un morceau de fer brûlant dans ses mains et qu'il guérit en trois jours, alors c'est qu'il est innocent.

Ce masque de la honte allemand était porté par les femmes accusées de commérages.

Les criminels sont tirés à travers le village dans un traîneau.

Pilori

Les villageois leur lancent des œufs et des légumes pourris.

Villes et métiers

Souvent, autour d'un château fort nouvellement bâti, se développe un bourg qui accueille de nombreux habitants exerçant un métier. C'est le centre commercial de la région, car un village seul ne suffit pas à approvisionner un grand domaine seigneurial. Les châtelains s'y retrouvent en faisant payer un loyer annuel aux « bourgeois » (gens du bourg).

Gens des villes

Même quand le bourg ne s'étend pas dans l'enceinte du château fort, il est entouré de fortifications. Du haut des tours et des remparts, arpentant le chemin de ronde, les archers sont prêts à tirer et les vastes portes sont manœuvrées à tout instant par des sentinelles sur le qui-vive. Le visiteur subit un véritable interrogatoire. La nuit, il trouve portes closes.

Les chartes

Au début, les villes sont dirigées par le seigneur (ou son bailli). Mais elles connaissent une expansion qui incite les marchands à réclamer l'indépendance. Ils décident de payer au seigneur le droit de s'autogouverner et lui achètent un document, la charte de bourgeoisie, qui leur accorde certains privilèges. C'est le maire et ses conseillers qui dorénavant contrôlent la ville et ses activités. Certains bourgs autonomes se transforment même en cités-États, libres du contrôle d'un seigneur ou d'un roi.

Le bourg et ses fortifications s'étendent autour de la forteresse d'origine.

★ La vie dans le bourg

Le bourg est un endroit encombré, sale, bruyant et nauséabond. Les ordures s'entassent dans les rues et les eaux sales s'y déversent. Les maladies y prolifèrent, mais c'est le prix à payer pour être affranchi et peut-être tenir un commerce.

Les artisans vivent dans des maisons qui sont à la fois leur foyer et leur atelier. Certains possèdent même une échoppe qui ouvre sur la rue. Les badauds les voient travailler et vendre directement leurs produits. Toutefois, la plupart n'exercent que sur commande. Ils se regroupent par métier et les acheteurs arpentent la rue des boulangers ou celle des orfèvres.

Marchand de vin sur une barque

Ceux qui ne fabriquent rien deviennent marchands. Ils exportent des marchandises variées et importent des produits exotiques, comme les épices et les soieries. Chaque semaine se tient un marché où l'on vient de la campagne vendre œufs, beurre, fromage, fruits et légumes frais (ils sont biologiques, car les pesticides n'existent pas !).

Une rue animée dans un bourg médiéval

Parfois, les rues sont pavées, mais la majorité ne sont que de simples ruelles sales, glissantes et pleines d'ornières.

Souvent, la fum[é] s'échappe des maisons par u[n] simple trou dans le toit.

Deux apprentis jouent au ballon.

L'apprentissage

Pendant que l'écuyer apprend à devenir chevalier, le fils d'un artisan s'initie aux savoir-faire et astuces du métier de son père. Les jeunes apprentis sont envoyés chez un maître artisan qui leur enseigne son art. Ils vivent et dorment dans la boutique. Ils travaillent beaucoup, mais savent s'amuser avec un ballon pour oublier les coups et le manque de nourriture. Au bout de sept ans d'apprentissage, le jeune garçon devient compagnon. Il réalise le travail par lui-même et aspire à passer maître. Cette étape est onéreuse et contraignante, car il doit produire un chef-d'œuvre reconnu par la profession.

Les guildes

L'entraide et le niveau de qualité recherché par les marchands et les artisans les ont conduits à se regrouper en associations, ou guildes. Celles-ci garantissent un travail fait avec soin et proposé au prix juste.

Les vendeurs malhonnêtes s'exposent à des amendes. Les membres paient une cotisation et l'argent ainsi récolté est réparti entre leurs collègues malades ou leurs veuves. Des fêtes annuelles ont également lieu : pour l'occasion, les marchands jouent des pièces à caractère religieux.

Liens Internet

Site 1 Quelques questions d'Histoire sur la longue période médiévale.

Site 2 Une rubrique sur les communes, la charte, le bourg.

Pour les liens vers ces sites, connecte-toi à : www.usborne-quicklinks.com/fr

L'argent

À l'origine, l'argent sert peu. C'est le troc qui prévaut : on s'échange des biens ou des services. Puis, peu à peu, on achète, on vend, et les salaires sont payés en pièces de monnaie. Les seigneurs apportent des améliorations à leur château et paient pour ce luxe. La demande en argent s'accroît et c'est ainsi que les banques voient le jour, au grand dam de l'Église. Les marchands, de plus en plus riches, forment une classe sociale aisée. Ni propriétaires ni paysans, ils annoncent la fin du système féodal.

Par rapport à aujourd'hui, les bourgs médiévaux sont peu étendus et peu peuplés, environ 1/10 de la population urbaine actuelle.

Comme peu de gens savent lire, les enseignes des échoppes sont imagées.

Le guetteur est de garde sur la muraille.

Les déchets sont déversés directement dans la rue.

Armoiries de la ville

Portes d'entrée

Étal

Les colporteurs circulent de ville en ville pour vendre leurs objets.

Ruines du château de Sidon, forteresse bâtie par les croisés au Moyen-Orient.

La fin d'un âge

Ce chapitre traite de la fin de l'âge des châteaux
forts et explique pourquoi leur construction
s'est interrompue. Il donne aussi un aperçu
des châteaux récents. À la fin, un tableau
chronologique permet de mieux se repérer.
Les innovations architecturales sont également
abordées et un glossaire ainsi qu'une liste
de certains des châteaux forts d'Europe, du
Moyen-Orient et du Japon sont proposés.

Le déclin des châteaux forts

À la fin du XVe siècle, les seigneurs font toujours bâtir des châteaux forts, mais en Europe occidentale, leur construction est en déclin. En effet, l'art de la guerre a changé : les sièges coûtant de l'argent et du temps, les belligérants préfèrent s'affronter sur le champ de bataille.

La poudre à canon est également responsable de ce changement, bien que, dans un premier temps, les canons ne se révèlent pas l'arme infaillible espérée. Ils sont capricieux, et l'impact des boulets est absorbé par les ouvrages (fossés et remblais de terre) élevés devant les murailles.

Toutefois, la raison essentielle semble être la fin du système féodal, accompagnée de la montée du nationalisme (loyauté envers la nation). Le pouvoir du roi l'emporte sur celui des nobles, qui n'ont plus à se quereller pour quelques lopins et exigent donc moins de protection.

Les indices

Un seigneur médiéval qui reviendrait de nos jours dans son château fort aurait certes beaucoup de mal à le reconnaître. Soit il est en ruine, soit il a subi un grand nombre de modifications qui ont radicalement changé son apparence. Le seigneur (et toi) disposeriez toutefois de quelques indices.

Commençons par la porte d'entrée : elle a gardé trace de l'encastrement du pont-levis. Le haut de la muraille extérieure est encore percé des trous qui accueillaient le hourd, et si tu aperçois un fossé boueux tout autour du château, tu as trouvé les douves.

À l'intérieur, à hauteur des planchers disparus, les portes et les cheminées demeurent, ainsi que les trous carrés qui recevaient les solives.

Intérieur en ruine du château de Rochester, dans le Kent, en Angleterre

La fin du système féodal

La loyauté due au suzerain faiblit et les puces gagnent du terrain. Ces deux faits se révéleront fatals à la féodalité. D'abord, les chevaliers ne sont pas aussi efficaces qu'une armée régulière, disciplinée et payée. Ensuite, ceux-ci exigent des fermiers qui travaillent leurs terres à plein temps et partagent les récoltes sans arrière-pensées. Enfin, les paysans n'acceptent plus de dépendre du bon vouloir du seigneur, ils veulent être libres. C'est dans ce climat que, en 1347, la Mort noire apparaît. Véhiculées par les rats, les puces propagent la peste en Europe. En moins de trois ans, plus d'un tiers de la population européenne, surtout des paysans, meurt. Les survivants exigent une augmentation de leurs revenus et n'hésitent pas, en cas de refus, à obtenir satisfaction auprès d'un autre seigneur.

À l'origine, le château de Corfe, dans le Dorset, en Angleterre, était un château à motte élevé dans les années 1080 sur les flancs d'une colline.

Le donjon, les tours et les courtines, ajoutés par les rois successifs, n'ont pas survécu à la guerre civile anglaise des années 1640.

Les canons

Le développement de l'artillerie à feu et l'amélioration des canons se poursuivent alors que les châteaux forts, déjà transformés en châteaux de plaisance, ne sont pas adaptés aux nouvelles armes et ne peuvent leur résister.

Fortification prévue pour loger des canons

Entrée principale

Donjon

Courtine interne

Courtine externe

Fossé

Réserves (souterraines)

★

Poterne (porte arrière)

Il faut alors bâtir des fortifications, dotées de murs bas, capables de loger les canons et les soldats qui les utilisent, les canonniers. Ainsi, en Angleterre, dans les années 1540, le roi Henri VIII fait élever de nombreux forts sur les côtes afin de parer à toute invasion. Ils sont constitués d'une série d'enceintes concentriques.

Liens Internet

Sur le site officiel de l'état de Bavière, tu peux visiter les quatre châteaux romantiques du roi Louis II.

Pour le lien vers ce site, connecte-toi à : www.usborne-quicklinks.com/fr

La guerre civile anglaise

Les châteaux forts tombent peu à peu en ruine ; leurs pierres et leurs briques sont pillées. Mais, dans l'Angleterre du XVIIᵉ siècle, durant la guerre civile, ils renaissent brièvement. Les deux opposants, les Cavaliers (partisans du roi) et les Têtes Rondes (parlementaires, bourgeois et petits propriétaires) s'y réfugient et soutiennent de longs et nombreux sièges. Hélas, les Têtes Rondes, victorieuses, finissent de les détruire afin d'empêcher toute rébellion des Cavaliers.

Les châteaux romantiques

Deux cents ans après la fin du Moyen Âge, au XIXᵉ siècle, la vie de château connaît un regain de popularité avec des châteaux de contes de fées dont l'architecture est très éloignée des forteresses médiévales d'origine. Ainsi, le roi de Bavière Louis II, considéré comme fou, vida le trésor royal afin de satisfaire sa passion des châteaux romantiques. Le plus célèbre, Neuschwanstein, bâti en 1869, est le produit d'un esprit imaginatif.

Neuschwanstein, situé dans les montagnes bavaroises, doit son nom au cygne (schwan), représenté sous une forme ou une autre dans presque toutes les pièces du château.

89

950

À partir du milieu du Xᵉ siècle et tout le long du Moyen Âge, les guerres et les conflits font rage dans toute l'Europe. En Allemagne, les états et les empereurs rivalisent pour le pouvoir. En Italie, les empereurs et leurs partisans (appelés les Gibelins) entrent en conflit avec les papes et leurs partisans (les Guelfes). Ces hostilités, toujours sur le point d'éclater, expliquent la nécessité de construire des châteaux forts.

v. 950 Début de la construction des châteaux forts.

Un seigneur et sa dame, v. 1000

1000

Les années 1000

Le système féodal forme la base de la société.

La construction des châteaux forts, surtout à motte, s'étend dans toute l'Europe. Les seigneurs se mettent à bâtir des châteaux forts en pierre.

Lors des batailles, le soldat, protégé par une cotte de mailles, s'abrite derrière un vaste bouclier.

En Espagne, le chevalier Rodrigo Diaz de Bivar, dit le Cid, se range du côté des Maures puis les combat.

1050

1066 Bataille d'Hastings : le duc Guillaume de Normandie (en France) envahit l'Angleterre et devient Guillaume Iᵉʳ le Conquérant.

1073 Les Saxons se soumettent à l'empereur germanique Henri IV.

v. 1078 Guillaume Iᵉʳ le Conquérant édifie la Tour blanche. C'est l'un des premiers donjons en pierre d'Angleterre. Il domine Londres.

1083 L'empereur germanique Henri IV assiège et prend Rome.

1091 Fin de la conquête de la Sicile par les Normands.

1096-1099 Première des neuf croisades.

1100

Les années 1100

En Angleterre, les donjons en pierre et les donjons coquilles remplacent les châteaux à motte.
Le soldat porte le haubert.

1113 Fondation de l'ordre des chevaliers de Saint-Jean, dit les Hospitaliers, pour défendre les royaumes chrétiens en Terre sainte.

1120 Fondation des chevaliers du Temple (les Templiers).

Un seigneur et sa dame, v. 1100

1150

Les années 1150

Construction de châteaux forts en pierre dans toute l'Europe.
Une longue tunique, le surcot, est portée sur le haubert. Parfois, le blason du chevalier y est affiché.

1152 Le roi d'Angleterre Henri II épouse Aliénor d'Aquitaine, contrôlant ainsi un vaste territoire en France. Ce sera la cause de nombreuses guerres.

v. 1180 Début de la construction des donjons polygonaux.

1190 Fondation de l'ordre des chevaliers Teutoniques.

Un seigneur et sa dame, v. 1200

1200

v. 1200

Les donjons disparaissent au profit d'habitations seigneuriales situées dans les basses-cours.

Des tours rondes s'élèvent à intervalles réguliers dans les courtines.

1204 Le roi de France Philippe II reprend la Normandie au roi d'Angleterre Jean sans Terre.

1226-1238 Les chevaliers Teutoniques conquièrent la Prusse.

1245 Le pape excommunie l'empereur d'Allemagne Frédéric II. Une guerre s'ensuit.

1250

Introduction de mâchicoulis en pierre.

v. 1270 Gilbert de Clare fait élever Caerphilly, le premier château fort concentrique de Grande-Bretagne.

1282 Les Siciliens massacrent leurs maîtres français.

1291 Saint-Jean-d'Acre, la dernière forteresse de Palestine, capitule.

1292 Le roi d'Angleterre Édouard Ier se mêle des affaires écossaises. C'est le début de plus de 200 ans d'hostilités.

1300

v. les années 1300

Le soldat porte des plates de métal sur sa cotte de mailles.

Les architectes font passer le confort avant la notion défensive.

1307-1314 Les chevaliers Templiers sont anéantis par le pape et le roi de France Philippe IV.

1309 Les chevaliers Teutoniques font de Marienburg leur quartier général.

1310 Les chevaliers Hospitaliers installent leur quartier général à Rhodes.

v. 1330 Invention du « tube à éclair ».

1347-1351 La Mort noire (la peste) tue un tiers de la population d'Europe.

Un seigneur et sa dame, v. 1300

1350

à partir des années 1350

Le système féodal a vécu.

Les châteaux forts se transforment en châteaux de plaisance. Certains sont en brique.

1337-1453 Guerre de Cent ans entre la France et l'Angleterre.

1370 La ville de Limoges, en France, est assiégée par le prince de Galles Édouard, dit le Prince Noir. Tous les habitants de la ville sont massacrés sans pitié.

1400

Un seigneur et sa dame, v. 1400

v. les années 1400
On ne construit plus de châteaux forts. L'armure couvre entièrement le corps.

1410-1411 Guerre civile en France.

1415 Bataille d'Azincourt. Victoire du roi d'Angleterre Henri V sur le roi de France Charles VI.

1429 Une jeune paysanne française, Jeanne d'Arc, met fin au siège d'Orléans par les Anglais. Deux ans plus tard, arrêtée et jugée, elle est brûlée comme sorcière par les Anglais.

1442 Alphonse V le Magnanime, roi d'Aragon, en Espagne, conquiert le royaume de Naples, en Italie.

1450

1457 Les Polonais conquièrent Marienburg (Prusse), et les chevaliers Teutoniques s'installent à Königsberg.

1485 La victoire du roi d'Angleterre Henri VII met fin à trente années de guerre civile anglaise.

1492 L'Espagne reprend Grenade aux Maures.

1494-1495 Les Italiens repoussent l'invasion des Français.

1498 Le roi de France Louis XII envahit l'Italie et prend Milan.

1500

v. les années 1540
Henri VIII (roi d'Angleterre) fait élever des fortifications sur la côte anglaise.

1642-1649 Guerre civile en Angleterre. Les châteaux servent de refuge.

à partir de 1869 Le roi de Bavière Louis II entreprend la construction de châteaux romantiques.

Un seigneur et sa dame, v. 1500

🏰 Liens Internet

Pars à la découverte des châteaux de France sur ce site très complet, qui donne pour chacun sa description, son histoire et un diaporama.

Pour le lien vers ce site, connecte-toi à : www.usborne-quicklinks.com/fr

Glossaire et adresses

Apprenti : jeune garçon apprenant un métier.

Apr. J.-C. : indique les dates de l'ère chrétienne, après la naissance de Jésus-Christ.

Arbalète : arme de jet composée d'un arc en corne ou en métal, d'une pièce en bois permettant de fixer l'arc et d'un mécanisme maintenant la corde tendue.

Arc : arme de jet composée d'une pièce en bois incurvée et d'une corde fixée à ses deux extrémités.

Arc long : arc de la taille d'un homme.

Archère : fente longue et étroite pratiquée dans un mur pour tirer à l'*arc* ou à l'*arbalète*.

Armes, armoiries : signes de reconnaissance portés sur l'écu et la *cotte d'armes* du *chevalier*. Les armes désignent le contenu de l'écu, les armoiries, l'écu et les ornements.

Armure : vêtement protecteur porté par les *chevaliers* au combat.

Assommoir : ouverture pratiquée dans la voûte couvrant l'entrée afin de jeter des pierres sur l'ennemi ou de l'eau pour éteindre le feu.

Aumônier : prêtre chargé de la charité.

Barbacane : défense extérieure de l'entrée du château fort ayant parfois la forme d'une tour.

Basse-cour : cour extérieure protégée par les murailles d'un château fort.

Beffroi ou **tour de siège** : tour d'attaque mobile.

Bélier : forte poutre terminée par une masse métallique en forme de tête de bélier servant à défoncer les murs et les portes.

Bouteiller : serviteur chargé du vin.

Arc long

Bouteillerie : pièce pour conserver les boissons.

Canonnière : *meurtrière*, en général ovale ou ronde, servant au tir au canon.

Chambre aux traits : loge dotée d'un plancher de plâtre qui sert de plancher de traçage, sur lequel les maçons font leurs calculs.

Les mots en *italique* ont leur propre entrée.

Château à motte : château fort avec des habitations et un *donjon* protégés par une palissade ou un mur. Le donjon s'élève sur un monticule de terre.

Château concentrique : château formé d'enceintes concentriques, à l'enceinte intérieure plus élevée que l'enceinte extérieure.

Chevalerie : code de conduite des *chevaliers*.

Chevalier : riche soldat propriétaire d'un cheval.

Connétable : *officier* seigneurial en charge de la sécurité.

Cotte d'armes : vêtement à longues manches orné des *armoiries* que les *chevaliers*, lors des *tournois*, portent par-dessus l'*armure*.

Cotte de mailles : tunique protectrice faite d'anneaux de fer entrecroisés, ou *haubert*.

Cour : partie centrale où se trouvent les bâtiments d'exploitation et d'habitation.

Coursier : cheval monté par le seigneur à la chasse.

Courtine : partie de mur entre deux tours.

Créneau : partie creuse entre deux *merlons*.

Croisade : guerre sainte entre chrétiens et musulmans (1096-1291).

Croisé : *chevalier* chrétien européen parti combattre les musulmans en Terre sainte.

Destrier : cheval de guerre du seigneur.

Donjon : tour principale fortifiée du château fort.

Donjon carré : tour en pierre carrée dont la salle de réception se trouve au premier étage.

Donjon coquille : donjon découvert en forme de *courtine* sur laquelle viennent s'appuyer divers bâtiments.

Douve : fossé rempli d'eau entourant un château fort.

Écuyer : jeune garçon au service d'un *chevalier* qui apprend le maniement des armes et les règles de l'équitation pour devenir à son tour chevalier.

Bélier

Cotte de mailles

Château concentrique

Pique

Équarrir : donner une forme de parallélépipède à un bloc de pierre ou de bois.

Fauconnerie : type de chasse avec des oiseaux de proie.

Fauconnier : serviteur responsable des faucons pour la chasse.

Féodalité ou **système féodal** : système de droits et devoirs reposant sur le fief, la terre. Liens de dépendance entre les seigneurs et leurs *vassaux*, qui se placent sous leur protection et reçoivent un fief en échange d'aides et de services.

Gambison : cotte de tissu plus ou moins rembourré portée sous le *haubert*.

Guilde : association regroupant des marchands qui garantissent un travail bien fait à un prix honnête.

Haubert : voir *cotte de mailles*.

Heaume : casque enveloppant la tête.

Héraldique : science du blason.

Héraut d'armes : officier chargé de porter les déclarations de guerre et de surveiller les blasons.

Herse : grille de fer ou de bois que les soldats lèvent ou abaissent à volonté.

Homme d'armes : piéton (fantassin).

Hourd : galerie de bois extérieure établie en surplomb ou tribune pour assister aux *tournois*.

Joute : combat entre deux *chevaliers* lancés au galop qui tentent mutuellement de se renverser avec leur lance.

Heaume

Donjon coquille

Merlon

Jument haquenée : jument qui va l'amble, réservée aux dames lors de la chasse.

Latrines : toilettes.

Lice : d'abord palissade de bois entourant les châteaux forts, puis champ clos où se déroulent les *joutes*.

Mâchicoulis : construction en pierre placée en surplomb au sommet des *remparts* afin de permettre le jet vertical de projectiles.

Maître maçon ou **maître d'œuvre** : architecte ou chef de chantier.

Majordome : serviteur responsable du linge de table.

Mangonneau : sorte de catapulte actionnée par des cordes.

Assommoir

Maréchal : *officier* chargé de l'intendance externe et des déplacements du seigneur de résidence en résidence.

Maréchal-ferrant : forgeron spécialisé dans le ferrage des chevaux.

Marmiton : aide aux cuisines.

Merlon : partie pleine entre deux *créneaux*.

Métal : or (jaune) ou argent (blanc) sur un blason.

Meurtrière : ouverture étroite pratiquée dans les murs pour permettre l'observation et l'envoi de projectiles.

Mitons : gantelets de laine, de cuir, puis de fer, où seul le pouce est articulé.

Motte : élévation de terre artificielle ou naturelle.

Officier : assistant personnel du seigneur. Un seigneur important peut disposer de deux officiers, l'un pour l'intendance domestique et l'autre pour l'intendance de la *seigneurie*.

Page : jeune garçon dans la première phase d'apprentissage du métier de *chevalier*.

Beffroi ou tour de siège

Palefroi : cheval pour voyager.

Panetier : serviteur chargé du pain.

Piquier : piéton armé d'une pique.

Pont-levis : pont qu'il est possible de lever pour empêcher les ennemis d'entrer.

Poterne : porte de derrière dérobée servant à fuir ou à faire entrer les renforts.

Quintaine : exercice d'entraînement à la *joute*.

Rempart : muraille épaisse, souvent crénelée.

Samouraï : *chevalier* japonais.

Sape : galerie creusée sous une fortification pour la faire s'effondrer.

Sapeur : soldat qui creuse un passage souterrain jusqu'aux murs du château pour les faire s'effondrer.

Seigneurie : ensemble des terres du seigneur et de ses droits. Elle est divisée en domaine, ou réserve seigneuriale, et en tenures, les propriétés des paysans sous l'autorité du seigneur.

Sentinelle : soldat de garde.

Siège : tactique militaire consistant à entourer un château fort (ou une ville) et à l'isoler pour affamer les assiégés jusqu'à leur reddition.

Trébuchet avant et après avoir fonctionné.

Surcot : vêtement porté sur le *haubert*.

Suzerain : roi ou seigneur.

Tournoi : jeu guerrier consistant en un combat à cheval par troupes (tournoi-mêlée) et un contre un (*joute*).

Trébuchet : machine de guerre servant à lancer des pierres pour abattre les murailles.

Troubadour et **trouvère** : poètes lyriques.

Trou de boulin : trou laissé dans le mur après dépose du boulin, cette pièce de bois horizontale fixée provisoirement dans la maçonnerie pour poser un échafaudage.

Vassal : seigneur, *chevalier* ou paysan.

Viking : habitant des pays scandinaves.

Vilain : paysan qui travaille pour un *seigneur* en échange de sa protection et de terres.

Les films

Certains films réussissent à donner une idée très juste de l'ambiance qui pouvait régner au temps des châteaux forts, sans idéaliser de trop la longue période du Moyen Âge. En voici quelques-uns :

• *Henry V* (avec Laurence Olivier ou Kenneth Branagh), pour les scènes de batailles.

• *Robin des Bois, Prince des voleurs* (avec Kevin Costner), pour les scènes dans les châteaux forts.

• *Le Cid* (avec Charlton Heston) pour la scène du tournoi.

• Le célèbre roman historique de Maurice Druon, *Les Rois maudits*, a donné lieu à une excellente série télévisée du même nom, disponible de nos jours en DVD.

Adresses et informations utiles

Partout dans le monde, il est possible de visiter des châteaux, et des organismes sont chargés de conserver et de préserver le patrimoine architectural. En France, le ministère de la Culture et de la Communication assure la mise en œuvre d'une politique d'animation et de valorisation du patrimoine et de l'architecture en partenariat avec les collectivités territoriales. Elle attribue un label « Villes ou Pays d'Art et d'Histoire », dont les services éducatifs organisent des animations. Voici leur adresse : Les Villes et Pays d'Art et d'Histoire Direction de l'architecture et du patrimoine – 65, rue Richelieu – 75002 Paris France Tél. : 01 40 15 84 08

Selon les régions, Offices de tourisme (OT) et Syndicats d'initiative (SI) se chargent d'aider les touristes. On peut se procurer leur répertoire officiel à la Fédération nationale des Offices de tourisme et Syndicats d'initiative – 280, boulevard Saint-Germain – 75007 Paris France Tél. : 01 44 11 10 30

Carte des châteaux d'Europe

Cette carte* répertorie quelques-uns des nombreux châteaux forts encore debout à l'heure actuelle en Europe. Vu leur nombre, il est en effet impossible de tous les citer. Cet ouvrage ne fait état que des plus représentatifs ou des mieux restaurés.

Cette carte de l'Europe permet aussi de noter la proximité des châteaux forts avec un fleuve (pour l'approvisionnement en eau) ou avec une frontière ou encore une ligne côtière (pour défendre le pays). Si plusieurs châteaux forts sont regroupés dans une même région, c'est sans doute qu'elle était mouvementée à l'époque médiévale !

Quant aux pages 96 et 97, elles définissent plus précisément les châteaux forts numérotés sur cette carte. Pour localiser un château, il suffit de mémoriser son numéro et de se reporter aux pages suivantes. À l'inverse, il est possible de sélectionner un site en premier et de chercher ensuite sa location sur la carte. En pages 98-99, deux autres cartes, plus sommaires, répertorient les forteresses du Moyen-Orient et du Japon.

*La carte n'est pas à l'échelle.

OCÉAN ARCTIQUE

Mer de Barents

Mer de Norvège

NORVÈGE

SUÈDE

FINLANDE
38

108

ESTONIE
90

LETTONIE
91

Mer Baltique

LITUANIE

RUSSIE

DANEMARK
16 17 128

129

15

RUSSIE
99 98

BIÉLORUSSIE

58

ALLEMAGNE

61 73
67 65
63 70 72
71
69 64 57

13

14 12

POLOGNE

100

UKRAINE

RÉPUBLIQUE TCHÈQUE

1

60 2

3

SLOVAQUIE
75

76

AUTRICHE

4 5

HONGRIE

MOLDAVIE

135
84 89 6
83 88

114

ROUMANIE
107

CROATIE

SLOVÉNIE

BOSNIE-
HERZÉGOVINE

Mer Noire

SERBIE ET
MONTÉNÉGRO

BULGARIE

86

ITALIE

85 82

MACÉDOINE

TURQUIE

ALBANIE

GRÈCE

SICILE 87

RHODES
(Grèce) 74

CHYPRE

MALTE

CRÈTE

Les châteaux forts en Europe

AUTRICHE

1 Dürnstein : ruines qui surplombent le Danube. En 1192, le duc d'Autriche Léopold V y a gardé captif le roi d'Angleterre Richard Iᵉʳ.

2 Festung Hohensaltzburg : ce vaste château domine Salzburg. Commencés en 1077, les travaux ne s'achevèrent qu'au XVIIᵉ s.*

3 Forchenstein : bâti vers 1300 pour surveiller la frontière avec la Hongrie. Le donjon est toujours visible.

4 Friesach : trois châteaux, élevés en 1077, composent une ville fortifiée.

5 Hochosterwitz : quatorze tours protègent l'entrée du château.

6 Bruck

BELGIQUE

7 Beersel : construit aux XIVᵉ et XVᵉ s., avec douves et trois tours d'angle.

8 Bouillon : propriété des ducs de Bouillon. Godefroi de Bouillon était un des chefs de la première croisade.

9 Corroy-le-Château : bâti au XIIIᵉ s., doté de sept tours.

10 Ghent : construit vers 1180 sur l'emplacement d'un fort viking. S'inspire des châteaux des croisés.

11 Gravensteen : donjon en pierre de 1180, entouré de larges douves et d'un mur ovale avec vingt-quatre tours.

RÉPUBLIQUE TCHÈQUE

12 Hukvaldy : ruines d'un château en pierre datant du XIIIᵉ s. Il n'a jamais été reconstruit.

13 Kalich : ruines du château de Jan Zizka, chef militaire tchèque.

14 Karlstejn : bâti en 1348 par le Saint Empereur romain Charles IV.

DANEMARK

15 Hammershus : immense château du XIIIᵉ s. avec deux basses-cours.

16 Nyborg : sans doute le plus ancien château fort royal de Scandinavie. Bâti au XIIᵉ s. pour protéger la côte des pirates.

17 Vordingborg : ruines d'un château fort du XIVᵉ s. avec deux cours et la *Gaasetarnet*, ou tour de l'Oie.

ANGLETERRE

18 Alnwick : du XIIᵉ s. Ce château à motte fortifié en pierre forme un donjon coquille à sept tours.

19 Arundel

20 Bamburgh

21 Berkeley : château à motte doté de deux basses-cours converti en donjon coquille. Appartenant toujours à la famille Berkeley.

22 Bodiam : *voir page 30.*

23 Conisbrough : donjon polygonal.

24 Corfe : *voir page 88.*

25 Douvres : château fort royal bâti pour défendre la côte anglaise de la Manche.

26 Framlingham : *voir page 16.*

27 Kenilworth : vaste château fort du XIIᵉ s. Ajouts plus tardifs.

28 Leeds

29 Orford : donjon polygonal.

30 Oxford

31 Restormel : donjon coquille.

32 Richmond : château fort normand. Sans doute la plus ancienne salle de réception d'Angleterre.

33 Rochester : ruines d'un château anglais très impressionnantes. Superbe salle de réception.

34 Tour de Londres : élevée vers 1087 par Guillaume Iᵉʳ le Conquérant. Son donjon carré est appelé Tour blanche.

35 Warkworth : donjon en forme d'étoile datant d'à partir de 1400.

36 Warwick : il date de 1068, mais de nombreux ajouts ont été faits au cours des siècles. Toujours résidence des comtes de Warwick.

37 Windsor : château fort royal et une des résidences de la reine actuelle.

FINLANDE

38 Hame : presque tout en brique, le château fort est élevé dans les années 1290 pour parer l'avancée des Russes.

FRANCE

39 Angers : château fort du XIIIᵉ s. doté d'une courtine à dix-sept tours rondes.

40 Annecy : commencé au XIIᵉ s., avec des ajouts jusqu'au XVIᵉ s.

41 Arques-la-Bataille : bâti en 1038, assiégé par Guillaume Iᵉʳ le Conquérant en 1052-1053 et reconstruit par le roi d'Angleterre Henri Iᵉʳ dans les années 1120. Au cours des siècles, il est passé successivement des Français aux Anglais.

42 Bannes : toits pointus et nombreuses tours. Les styles se succèdent, passant du défensif à l'agrément.

43 Bonaguil : château fort du XIIIᵉ s. posé sur un éperon rocheux entre deux vallées. Donjon pentagonal et tours d'angle rondes.

44 Caen : construit en 1050 par Guillaume Iᵉʳ le Conquérant.

45 Château-Gaillard : construit par Richard Iᵉʳ d'Angleterre. Aujourd'hui en ruine, c'était l'un des plus beaux châteaux français.

46 Chinon : alignement de trois châteaux réunis par des douves.

47 Domfront : ruines du XIIᵉ s.

48 Falaise

49 Fougères : importante place forte du XIIᵉ s. flanquée de treize tours. La ville a grandi autour.

50 Gisors : ruines avec un donjon polygonal.

51 Loches : donjon du XIIᵉ s., vestiges du XIᵉ s.

52 Montségur : bâti en 1204. Doté de cinq pans et d'un vaste donjon carré. Détruit après deux mois de siège.

53 Pau : élevé près de la frontière espagnole pour protéger un guet. Ville natale du roi de France Henri IV.

54 Provins : donjon du XIIᵉ s. qui fut surnommé la tour de César. Base rectangulaire, mais octogonal plus haut.

55 Saumur : château de conte de fées cité dans les *Très riches heures*, manuscrit médiéval écrit pour le duc de Berry.

56 Tarascon

ALLEMAGNE

57 Altenburg : commencé en 1109 et détruit par le feu lors d'une attaque en 1553. Aujourd'hui restauré, il fut la résidence des évêques de Bamburg pendant 300 ans.

58 Bentheim : construit en 1116, c'est le plus grand de Basse-Saxe. À la base, les murs du donjon font environ 5 m d'épaisseur. Fait remarquable, il y avait une chambre des tortures.

59 Burg Eltz

60 Burghausen : bâti sur une crête, le château fort comprend six basses-cours séparées par des fossés.

61 Erfurt : *voir page 30.*

62 Gutenfels et Pfalz

63 Henneburg : ruines de ce qui a été un château semi-circulaire.

64 Kaiserburg : bâti sur une crête. Une des tours a été élevée par l'empereur Henri III.

65 Lichtenstein : bâti au XIIIᵉ s. et reconstruit au XIXᵉ s.

66 Marksburg : sur le Rhin. Vers le début du XIIIᵉ s. Cour triangulaire.

67 Münzenburg : bâti au XIIᵉ s. Basse-cour ovale.

68 Neuwchwanstein : *voir page 89.*

69 Rothenburg

70 Sterrenburg et Liebenstein : deux châteaux forts voisins, séparés par une enceinte et des douves. Il est dit que les deux nobles propriétaires aimaient la même dame.

71 Thurant : château fort double doté de tours jumelles.

72 Wartburg : bâti en bois au XIᵉ s. et reconstruit en pierre au XIIᵉ s. Martin Luther y a traduit une partie de la Bible en allemand.

73 Wildenburg

GRÈCE

74 Rhodes : bâti par les Hospitaliers, moines-soldats du début du XIIIᵉ s.

*L'abréviation s. est mise pour siècle.

HONGRIE

75 Esztergom : site romain sur le Danube et château fort du Xe s.

76 Sarospatak : bâti au XIIe s. pour protéger la vallée Bodrog et agrandi un siècle plus tard.

IRLANDE

77 Blarney : château fort en pierre bâti en 1210. La pierre de ses murs crénelés assure, dit-on, éloquence à qui l'embrasse.

78 Cahir : un des plus vastes châteaux d'Irlande et des mieux conservés. L'escalier d'une des tours mène à une source d'eau, vitale en cas de siège.

79 Carrickfergus : bâti en 1180, c'est le premier château fort d'un seigneur anglo-normand.

80 Roscommon : cour rectangulaire avec une porte d'entrée flanquée de deux tours.

81 Trim : donjon dans une cour triangulaire.

ITALIE

82 Bari : donjon carré entouré de quatre énormes tours carrées en pierre.

83 Buonconsiglio : bâti en 1239-1255. La tour Auguste, ronde et massive, daterait des Romains.

84 Caldes

85 Château del Monte : *voir page 32*.

86 Château Saint-Ange

87 Castello Ursino : ce château fort carré aux tours rondes s'élève en Sicile. Bâti en 1239, il fut modifié par la suite.

88 Stenico : commencé en 1163, le château fort suit plusieurs styles jusqu'au XVe s., où il est transformé en château de plaisance.

89 Toblino : établi sur une île, le château fort comporte une tour élevée en face des quartiers d'habitation.

LETTONIE

90 Riga : vaste château fort de forme rectangulaire qui a été élevé par les Teutoniques, des moines-soldats.

LITUANIE

91 Trakai : bâtis au milieu de plusieurs lacs, le donjon et les trois tours rondes datent du XIVe s.

LUXEMBOURG

92 Vianden : un des plus grands châteaux forts d'Europe. Les vestiges datent des XIIIe et XIVe s. Sa salle de réception (la salle des Chevaliers) peut contenir 500 personnes.

PAYS-BAS

93 Doornenburg : château fort en brique dont certaines parties remontent au XIIIe s.

94 Muiderslot : bâti sur un site connu depuis l'an 1000.

95 Radboud : vaste château fort bâti au XIIIe s. sur le site d'un ancien fort. Démoli en partie jusqu'au XIXe s.

96 Rozendall : château fort en brique avec des murs de 4 m d'épaisseur.

NORVÈGE

97 Akershus : château-palais modifié au fil des ans. Au centre, les murs d'origine datent du XIVe s. Actuelle résidence officielle de la famille royale.

POLOGNE

98 Marienburg : château fort rectangulaire en brique. Ancien siège des Teutoniques, des moines-soldats.

99 Marienwerder : château fort du XIVe s. élevé par les Teutoniques, des moines-soldats.

100 Wawel : situé à Cracovie, le château fort a remplacé un château en bois du VIIIe s. Au cours des modifications du XIVe s., une cathédrale fut construite à l'intérieur.

PORTUGAL

101 Beja : bâti sur le site d'un fort romain, a souvent été modifié.

102 Braganza : donjon carré élevé par le roi du Portugal Sancho Ier en 1187 pour protéger le pays de l'Espagne.

103 Elvas : le plus vaste donjon carré du Portugal. Bâti à l'origine par les Maures, mais pris par le roi du Portugal Sancho II en 1226, et modifié.

104 Guimaraes : château fort du XVe s. dont le donjon a été construit sur la tour du précédent château.

105 Leiria : château-palais avec un vaste donjon carré.

106 Silves : bâti à l'origine par les Maures, le château fort fut reconstruit et agrandi par les chrétiens et restauré au XXe s.

ROUMANIE

107 Bran : château fort en bois du XIIIe s. bâti pour protéger la ville de Sibiu. Reconstruit en pierre en 1377, il aurait servi de décor au roman de B. Stoker *Dracula*, paru au XIXe s.

RUSSIE

108 Novgorod : la plus ancienne forteresse de Russie a été élevée par le roi Yaroslav en 1044.

ÉCOSSE

109 Caerlaverock : château fort triangulaire avec une porte flanquée de tours jumelles.

110 Craigievar : *voir page 33*.

111 Édimbourg : bâti sur un éperon rocheux. Résidence des rois d'Écosse.

112 Stirling : aux portes des Highlands. Le château fort est passé aux mains des Anglais à plusieurs reprises.

113 Tantallon : château fort en pierre rose de la fin des années 1300, abandonné au XVIIe s. Il domine la mer du Nord.

SLOVÉNIE

114 Bled : bâti sur une colline au XIe s. pour garder le lac et la ville de Bled.

ESPAGNE

115 Alarcon : élevé par les Maures. Aujourd'hui, c'est un hôtel.

116 Alcazaba (Malaga) : château fort bâti par les Maures sur une colline. Relié à un autre château fort par des murs en zigzag.

117 Alcázar (Ségovie) : *voir page 44*.

118 Alhambra (Grenade) : construit au XIIIe s. sur une haute crête naturelle.

119 Banos de la Encina : bâti par les Maures en 967-968, avec une courtine de quinze tours et un passage en pierre en forme de double fer à cheval.

120 Coca : palais-forteresse en brique élevé pour l'archevêque de Séville.

121 Manzanares el Real : *voir page 17*.

122 Escalona : un des plus vastes châteaux forts d'Espagne. Bâti par les Maures aux Xe et XIe s. Son architecture en pierre avec des lignes de briques est typique des *Mudéjars* (Maures restés après la reconquête chrétienne).

123 La Mota : *voir page 32*.

124 Olite : château-palais élevé au XVe s., avec bains, jardins sur les toits et même un zoo.

125 Penafiel : château fort long et étroit.

126 Ponferrada : accordé aux Templiers en 1185 pour protéger les pèlerins.

127 Sadaba : construit au début du XIIIe s. sur la frontière entre l'Espagne musulmane et chrétienne.

SUÈDE

128 Hälsingbord : bâti par les Danois sur un détroit (dont ils contrôlaient les deux côtés) et reconstruit en 1370 avec des murs d'environ 4,60 m d'épaisseur.

129 Kalmar : fin du XIIIe s. Enceinte circulaire, quatre tours rondes, deux portes d'entrée et un donjon.

SUISSE

130 Aigle : château fort du XVe s., avec un énorme donjon du XIe s.

131 Chillon : *voir page 33*.

132 Grandson : vaste château fort du XIIIe s., avec de hauts murs et des tours rondes.

133 Habsburg : modifié au cours des siècles. À l'origine, résidence de la famille des Habsburg.

134 Kyburg : construit en 1200. Les peintures murales de la chapelle datent du XVe s.

135 Tarasp : XIe s. Toujours habité.

PAYS DE GALLES

136 Aberystwyth : *voir page 28*.

137 Beaumaris : *voir page 28*.

138 Carnarvon : château à motte bâti en 1090. Reconstruit en pierre par le roi d'Angleterre Édouard Ier (années de règne : 1272-1307), qui en a fait sa résidence galloise.

139 Caerphilly : *voir pages 28-29*.

140 Harlech : *voir page 28*.

141 Pembroke : donjon rond.

142 Rhuddlan : *voir page 28*.

# Au Japon et au Moyen-Orient

JAPON

1 Edo : bâti en 1457, à Edo (Tokyo), avant que la ville ne se développe. La tour maîtresse, détruite 200 ans plus tard par le feu, n'a jamais été reconstruite. L'actuel empereur du Japon et la famille impériale logent aujourd'hui dans une partie du palais.

2 Hamamatsu (Hikuma-jo) : bâti en 1570 et agrandi en 1577. La courtine date de 1577, alors que le donjon a été modifié.

3 Hikone : il a fallu presque 20 ans pour construire le château à partir d'éléments provenant des places fortes voisines. En ce temps sévissait en effet la règle qui n'admettait qu'« une forteresse par province ».

4 Himeji* : la construction débuta au milieu du XIVe s., mais elle ne fut achevée qu'en 1609. Les murailles épaisses ont résisté aux seigneurs de guerre ainsi qu'aux séismes.

5 Hirosaki (Takaoka-jo) : donjon de trois étages élevé en 1810 pour remplacer le donjon de cinq étages de 1611 qui fut touché par la foudre une vingtaine d'années après sa construction.

6 Hiroshima : reconstruit par un puissant *daimyo* dans les années 1590 et détruit par la bombe atomique durant la Seconde Guerre mondiale.

7 Inuyama (Hakutei-jo) : depuis les années 1600, le château, bâti en 1537, est toujours aux mains de la même famille.

8 Kakegawa (Kumokiri-jo) : élevé en 1513, il a été rénové à la fin du XVIe s. Le donjon a été reconstruit selon des méthodes traditionnelles.

9 Kumamoto : date de 1600, mais a été en grande partie détruit par le feu lors d'un siège. Une des tours d'angle qui a été reconstruite était sans doute le donjon d'origine.

OCÉAN ARCTIQUE

HOKKAIDO

HONSHU

Mer du Japon

JAPON

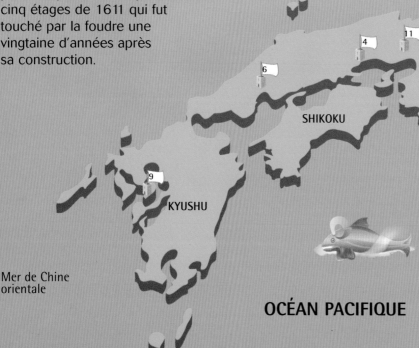

SHIKOKU

KYUSHU

Mer de Chine orientale

OCÉAN PACIFIQUE

10 Nihonmatsu : deux châteaux forts. Le premier date de la fin du XIVe s., le second du milieu des années 1580.

11 Osaka (Kin-jo) : malgré ses fortifications impressionnantes, le château, bâti en 1583, a été pris en 1615. Reconstruit à large échelle en 1620 par les propriétaires d'alors, mais détruit par la foudre.

12 Wakamatsu (Kurokawa-jo) : le donjon actuel du château, bâti en 1384, date du XVIe s.

*Voir page 53.

MOYEN-ORIENT

Chypre

1 Saint-Hilarion : bâti avec trois cours sur une colline raide.

ISRAËL

2 Belvoir* : château fort concentrique.

JORDANIE

3 Kérak : ville fortifiée et château fort des croisés bâti à partir de 1136 sur une colline isolée. Les prisonniers jugés indésirables étaient jetés du haut des murailles.

4 Shobak : importante forteresse des croisés connue à l'époque sous le nom de **Mont Réal**. Le chef des croisés Baudoin Ier bâtit un château fort en 1115 afin de contrôler la route entre Damas et l'Égyte. En 1189, il fut pris par Saladin Ier. À l'intérieur, un puits de 357 marches conduit à une nappe d'eau souterraine.

LIBAN

5 Sidon : deux châteaux forts, le château de terre (ou de saint Louis) et le château de mer (îlot fortifié).

SYRIE

6 Alep : bâtie à la fin du XIIe s. sur une colline, cette immense forteresse domine Alep, une des plus vieilles villes du monde. Un immense fossé entoure les murailles qui protègent des mosquées, des casernes et des appartements.

7 Krak des Chevaliers** : un des plus célèbres châteaux forts médiévaux du monde et le plus bel exemple de l'architecture des croisés. La plupart des vestiges actuels datent de 1170, quand les chevaliers Hospitaliers l'agrandirent.

8 Marqab : gigantesque forteresse en pierre volcanique noire, extraite du volcan éteint sur lequel elle s'élève. Elle protégeait la route principale reliant l'Asie mineure (actuelle Turquie) à la Terre sainte.

*Voir page 28.
**Voir page 52.

9 Saladin ou **Saône** (d'après son propriétaire, le croisé Robert de Saône) : bâti vers 1100, le château fort domine deux ravins montagneux. La muraille forme un triangle. Dans les cours se trouvent un donjon, des étables et des chapelles.

10 Safita : donjon carré en pierre blanche bâti vers 1188, qui servit de tour de guet. Des feux étaient allumés sur le toit pour donner l'alerte si une armée quelconque était en vue. Il y a une chapelle au rez-de-chaussée et un grand vestibule pour les soldats au-dessus. De nos jours, la tour sert d'église.

TURQUIE

11 Édesse : ce donjon carré est protégé par un fossé profond de 12 m qui a été creusé à la main. Il fut le premier donjon à être pris par les croisés en 1098, puis cédé lors d'une contre-attaque.

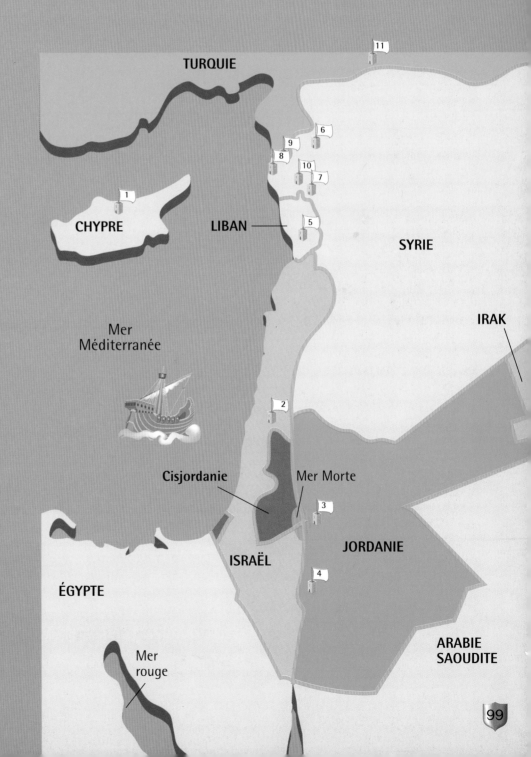

Utiliser Internet

Il te suffit d'un ordinateur de base et d'un navigateur de Web (logiciel permettant aux internautes de trouver les sites créés sur le Web) pour accéder à la plupart des sites Web proposés dans ce livre. Voici les éléments indispensables :

• un PC équipé de Microsoft® Windows® 98 ou une version ultérieure, ou un ordinateur Macintosh PowerPC système 9 ou plus, et 64 Mo de RAM,

• un navigateur de Web tel que Microsoft® Internet Explorer 5 ou Netscape® Navigator 4.7 ou toute version plus récente,

• une connexion à Internet via un modem (de préférence à la vitesse de 56 Kbps), une ligne numérique ou par câble,

• un fournisseur d'accès,

• une carte son pour écouter les fichiers son.

Aide

Si tu as besoin d'aide ou de conseils sur l'utilisation d'Internet, clique sur « **Besoin d'aide ?** » sur notre site **Quicklinks**. Pour plus d'information sur comment utiliser ton navigateur de Web, clique sur le bouton « **?** » de la barre de menu située dans la bordure supérieure de ton navigateur. Clique ensuite sur « **Sommaire et index** » pour accéder à la base de données de recherche qui contient une foule d'informations utiles. Si tu recherches des renseignements précis, clique sur « Support en ligne » pour accéder au support technique en ligne du navigateur.

Les modules externes

Les programmes additionnels, appelés modules externes (ou plug-in), te permettent de consulter des sites Web qui contiennent du son, des vidéos ou bien des animations et des images en 3D. Si tu accèdes à un site sans le module externe nécessaire, un message apparaît à l'écran t'indiquant comment le télécharger.

Si tel n'est pas le cas, connecte-toi sur notre site **Quicklinks** et clique sur « **Besoin d'aide ?** ». Tu y trouveras des liens te permettant de télécharger tous les modules externes désirés.

Voici une liste des modules les plus recherchés :

RealOne Player® — pour voir de la vidéo et écouter des séquences sonores,

Quicktime® — pour voir en vidéo,

Shockwave® — pour voir les animations et les programmes interactifs,

Flash™ — pour voir les animations.

Les informations et conseils donnés sur cette page te permettront de te connecter à Internet en sécurité et avec efficacité. Tu trouveras d'autres renseignements et astuces au début de l'ouvrage, en page 4.

Les virus

Un virus est un petit programme capable de provoquer d'importants dégâts dans ton ordinateur. Tu peux involontairement introduire un virus dans ton ordinateur en téléchargeant sur Internet un programme infecté ou en ouvrant une pièce infectée jointe à un message électronique. Tu peux te procurer un logiciel antivirus dans un magasin d'informatique, ou tu peux en télécharger un sur Internet. Ils coûtent cher, mais moins cher que de réparer un ordinateur endommagé. Pour en savoir plus sur les virus, connecte-toi sur notre site **Quicklinks** et clique sur « **Besoin d'aide ?** ».

 Liens Internet

Pour les liens vers tous les sites proposés, connecte-toi à : **www.usborne-quicklinks.com/fr**

Marques déposées

Macintosh et Quicktime sont les marques déposées d'Apple Computer, Inc. aux États-Unis et dans d'autres pays. RealOne Player est la marque déposée de RealNetworks, Inc. aux États-Unis et dans d'autres pays. Flash et Shockwave sont des marques de commerce ou des marques déposées par Macromedia, Inc. aux États-Unis et dans d'autres pays.

Index

Les noms de château sont en **gras.**
Les mots en *italique* figurent aussi dans le glossaire (pages 92-93).

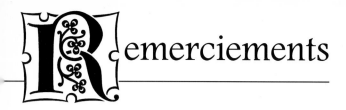

Remerciements

Tout effort a été fait pour retrouver les propriétaires des droits des documents utilisés dans ce livre. Par avance, les éditeurs présentent leurs excuses à ceux qui n'ont pas été mentionnés et rectifieront en conséquence toute édition à venir après notification. Par ailleurs, les éditeurs remercient les personnes et organismes suivants pour leur permission de reproduire les matériels des pages suivantes (h = haut, m = milieu, b = bas, g = gauche, d = droite) :

Couverture : château de Bodiam, Grande-Bretagne © Adam Woolfitt/CORBIS ; **pages de garde** : « Soldats sortant de la ville fortifiée » © Archivo Iconografico, S.A./CORBIS ; **pp. 2-3** : © Michael St. Maur Sheil/CORBIS ; **pp. 4-5** : © David Dixon, Papilio/CORBIS ; **pp : 12-13** : © Arthur Thévenart/CORBIS ; **p. 15** : château d'Orford, Grande-Bretagne © English Heritage Photo Library ; **p. 17** : (bd) © David Cumming ; Eye Ubiquitous/CORBIS ; **p. 18** : (md) © Photo Scala, Florence ; **p. 20** : (hg) photo : AKG Londres/The Chef/ Gravure sur bois/1490/Peter Wagner ; **p. 22** : (md) calice (argenté), France, v. 1325, Victoria and Albert Museum, Londres, UK/Bridgman Art Library ; **p. 23** : (bd) voyageurs tirés du « Roman de Jules César », manuscrit du XIIIe s., Bibliothèque municipale de Rouen, France/Bridgeman Art Library ; **p. 26** : (b) porte d'entrée et douves au château de Bodiam, Grande-Bretagne, National Trust Photographic Library/Alasdair Ogilvie ; **p. 27** : © Archivo Iconografico S.A/CORBIS ; **p. 28** : (bg) © Historical Picture Archive/CORBIS ; **pp. 28-29** : (b) © Robert Estall/CORBIS ; **p. 30** : (hd) © Eric Ergenbright/ CORBIS ; (bd) © Araldo de Luca/CORBIS ; **p. 31** : (hd) © Angelo Hornak/CORBIS ; (md) © Arte & Immagini srl/ CORBIS ; (bg) © The British Museum ; **p. 32** : (m) © Archivo Iconografico S.A./CORBIS ; (md) © Massimo Listri/ CORBIS ; (b) © Michael Busselle/CORBIS ; **p. 33** : (hm) © RCAHMS/SCRAN ; (hd) © Archivo Iconografico S.A./ CORBIS ; (b) © Michael S. Yamashita/CORBIS ; **p. 36** : (bg) © Archivo Iconografico S.A./CORBIS ; **pp. 38-39** : © Archivo Iconografico S.A./ CORBIS ; **p. 41** : (hd) © Christel Gerstenberg/CORBIS ; (bd) © Ted Spiegel/CORBIS ; **p. 43** : (d) © KHM, Wien ; **p. 44** : (bg) E & E Picture Library/A. Towse ; **p. 48** : (bg) © Chris Hellier/CORBIS ; **p. 52** : (mg) © Michael Nicholson/ CORBIS ; (hd) © Archivo Iconografico S.A./CORBIS : **p. 53** : (photo centrale) © Craig Lovell/CORBIS ; (hd) © Sakamoto Photo Research Laboratory/CORBIS ; **pp. 54-55** : © Archivo Iconografico S.A./CORBIS ; **p. 56** : (bg) © Powerstock Ltd ; **p. 57** : (hd) © Powerstock Ltd ; **p. 60** : (g) © Gianni Dagli Orti/ CORBIS ; **p. 61** : (mb) © Gianni Dagli Orti/CORBIS ; **pp. 62-63** : © Historical Picture Archive/CORBIS ; **p. 64** : (hd) deux sceaux © The British Museum/ Heritage-Images ; **p. 65** : (hg) photo : AKG Londres/« Demoiselle d'honneur qui coiffe une dame » /Psautier de Luttrell/v. 1340 ; **p. 66** : (bd) Ms R 17I f.283 v Moine Eadwine penché sur son pupitre/v. 1150/Trinity College, Cambridge, Grande-Bretagne, UK/Bridgeman Art Library ; **p. 70** : (bg) photo : AKG Londres/« Serveurs dans la cuisine »/Psautier de Luttrell/v.1340 ; (m) photo : AKG Londres « Le tissage »/Manuscrit enluminé/XVe siècle ; (hd) « Aiguiser les couteaux »/Psautier de Luttrell f.78 v. avec l'aimable autorisation de la British Library ; **p. 71** : (hd, arrière-plan) château di Meleto, Chianti, Italie © Dennis Marsico/CORBIS ; **p. 74** : (hg) photo : AKG Londres/ Enluminure qui représente un fou/v. XVe s. ; (hd) © Leonard de Selva/CORBIS ; **p. 75** : (bd) Howard Allman ; **p. 76** : (m) cliché de lá Bibliothèque nationale de France, Paris ; **p. 78** : (bg) © Chris Hellier/CORBIS ; (hd) © The Art Archive/Musée Condé, Chantilly, France ; **p. 80** : (m) © Christel Gerstenberg/CORBIS ; **pp. 82-83** : (bg, hd) deux masques de la honte, avec l'aimable autorisation du Kriminalmuseum Rothenburg, Allemagne ; **pp. 86-87** : © Paul Almasy/CORBIS ; **p. 88** : (bg) © Jean Hall ; Cordaiy Photo Library Ltd./CORBIS ; (hd) E & E Picture Library/ J. Litten ; **p. 89** : (bd) © Premium Stock/CORBIS.

Remerciements :
Andrea Slane (maquette de la couverture)
John Russell (manipulation numérique)
Struan Reid, Katie Daynes, Henry Brook (les listes)
Timothy Duke, Chester Herald
Christina Asbeck ; Kriminalmuseum, Rothenburg, Allemagne
BL Kearley Ltd.
Milan Illustrations Agency
Virgil Pomfret Agency